Peter Stark

Das 1x1 des Budgetierens

Peter Stark

Das 1x1 des Budgetierens

Budgets richtig planen, umsetzen und kontrollieren

WILEY-VCH

WILEY-VCH Verlag GmbH & Co. KGaA

Bibliografische Information Der Deutschen Bibliothek
Die Deutsche Bibliothek verzeichnet diese Publikation in der Deutschen Nationalbibliografie; detaillierte bibliografische Daten sind im Internet über <http://dnb.ddb.de> abrufbar.

1. Auflage 2006

Printed in the Federal Republic of Germany

Gedruckt auf säurefreiem Papier.

Konzeption:
Ariadne-Buch, Christine Proske, München

Satz, Druck und Bindung:
Ebner & Spiegel, Ulm

ISBN-13: 978-3-527-50133-5
ISBN-10: 3-527-50133-9

Für Katrin und Max

Inhalt

Einleitung

Das vorliegende Buch *Das 1x1 des Budgetierens* befasst sich mit den Anforderungen an Planung und Budgetierung in Unternehmen. Es erörtert und beantwortet alle die Fragen, die sich Unternehmer sowie planungsverantwortliche Manager in jedem Unternehmen immer wieder stellen:

- Warum soll geplant werden?
- Was soll geplant werden?
- Wie detailliert soll geplant werden?
- Wann soll geplant werden?
- Wer soll in die Planung mit eingebunden werden?
- Was erwarten Investoren, Banken und/oder der Vorstand von den Planungsunterlagen?
- Wessen Interessen stehen im Mittelpunkt der Planung?

Früher stellte das Erfolgskriterium »Planung« in den meisten Unternehmen kein Thema dar. Zu klar und eindeutig waren die Parameter des Umfeldes: Kunden, Lieferanten, Konkurrenten, Technologien kamen aus dem lokalen Umfeld und schienen nicht beeinflussbar. Der Markt wirkte wenig transparent. Unternehmenserfolg wurde lediglich anhand der Vergangenheitsanalyse gemessen. Was hat das Unternehmen im letzten Monat/Quartal erreicht und wie hat es sich im Vergleich zum Vorjahr entwickelt? Mithin stand die Analyse von bestehenden Zahlen im Fokus, nicht die Planung der zukünftigen.

Gründe, mit denen man die Planungsunwilligkeit erklären und begründen konnte, waren schnell gefunden: »Wer kann schon sagen, was morgen sein wird – oder gar: in einem Jahr?« »Wie soll ich wissen, was nächstes Jahr im Oktober geschehen wird?« »Wozu brauche ich Planung – ich kenne die Rahmenbedingungen meines Unternehmens: Kunden, Lieferanten, Konkurrenten. Auf die habe ich keinen Einfluss.«

Doch diese Situation hat sich grundlegend geändert. Seit die gesetzlichen Vorschriften (KonTraG, Insolvenzgesetz) und auch Banken und Investoren (Basel II) Planungen fordern, sind Unternehmen gezwun-

Das 1x1 des Budgetierens. Peter Stark

ISBN: 3-527-50133-9

gen, den Blick in die Zukunft zu richten. Und es stellt sich sogar heraus, dass dies für die Firmen selbst von Vorteil ist. Die früheren Zweifel an dem Sinn von Planung und Budgetierung verschwinden beziehungsweise werden in ihr Gegenteil verkehrt. Gezwungen durch die Forderungen der Politik beziehungsweise der Banken entdecken Unternehmer die Vorteile der Planung und stellen diese verstärkt ins Zentrum ihrer unternehmerischen Überlegungen.

Doch nun rächt sich auch die Vernachlässigung dieses Erfolgskriteriums in der Vergangenheit. Zwar will nun jeder planen, doch es fehlt weitgehend an dem Wissen, wie man das anzupacken hat. Zudem existieren noch keine übereinstimmenden Regeln: Es gibt keine definierten Standards, keine einheitlichen Kennzahlen, kein festgelegtes Vorgehen. Dennoch werden laufend neue Trends und Begriffe ins Rennen geschickt: Wertorientierte Unternehmensführung, Beyond Budgeting und Better Budgeting sind nur einige davon. Diese Entwicklung hat dazu geführt, dass sich Unternehmer und auch Controller beim Thema Budget überfordert fühlen.

Und genau an diesem Punkt setzt das vorliegende Buch an. Auf den folgenden Seiten erfahren Sie als Controller, Unternehmer oder Budgetverantwortlicher, was die Zukunft von Ihnen verlangt und wie Sie diese Anforderungen bewältigen können: Anhand erfolgreicher Beispiele wird aufgezeigt, wie man plant, warum es Sinn macht zu planen und in welchem Umfang dies sinnvoll ist.

Das Controlling hat sich im Unternehmen an zwei Schnittstellen entwickelt. Zum einen ist Controlling die Verbindung zwischen dem Rechnungswesen und dem Management. Die komplexen Rechenmodelle und die enorme Datenvielfalt machen es dem Management in der Regel fast unmöglich, tiefer in die Unterlagen einzudringen. Die Führungskräfte sind damit den Zahlen des Controllings geradezu ausgeliefert. Zum anderen bildet Controlling einen Puffer zwischen den unterschiedlichen Managementebenen. Planungen und Istdaten sind grundlegende Inhalte des beruflichen Miteinanders. Sie werden oftmals zwischen den Führungsebenen nicht direkt, sondern über den Umweg des Controllings kommuniziert.

Bei der Budgeterstellung spielt das Controlling daher eine zentrale Rolle. Hier werden Daten gesammelt, aufbereitet und berichtet. Ergebnis der Arbeit ist ein klar definierter und international vergleichbarer Plangewinn und ein eindeutig festgelegter Finanzrahmen für die Planperiode. So schaffen die Controller die wesentliche Grundlage für spätere Beschlüsse des Managements.

Während in den neunziger Jahren vor allem das Thema der Analysen das Controlling beherrscht hat, ist es in unseren Tagen das der Planung und Budgetierung. Grund dafür ist vor allem das Bestreben nach mehr Sicherheit bei Eigentümern, Banken und anderen Investoren. Es wurde klar, dass eine Analyse der Vergangenheit hilfreich ist, aber keinerlei Informationen für die Zukunft bietet. Analysen zeigen auf, was man in der Vergangenheit hätte tun sollen, um Unwegsamkeiten vorzubeugen. Aber wie auch im Privatleben: nichts ist langweiliger als die Zeitung von gestern. Es hilft keinen Schritt weiter, wenn man weiß, was in der Vergangenheit passiert ist – sie ist nämlich bereits vergangen. Gerade in Zeiten der wirtschaftlichen, politischen und kommunikativen Internationalisierung und in den Tagen des Internets – gleichbedeutend mit fast vollkommener Transparenz, hat das »Gestern« mit dem »Morgen« nichts mehr gemeinsam. Man meint, wenn sich Unternehmen mehr mit ihrer Zukunft beschäftigen, bleiben Pleiten und Konkurse aus. Das sollte meines Erachtens nicht der einzige Grund sein, weshalb man für ein Unternehmen plant und diesen Plan in Budgets überleitet. Es sollte vielmehr eine Hilfe für das Management sein, Rentabilität, Stabilität und Prosperität für ein Unternehmen zu erzielen.

Was ist der Spannungsbogen bei der Planung und der Budgetierung?

Einerseits ist für jeden Manager, Mitarbeiter – ja für jede Privatperson klar und einleuchtend, dass es einen Plan geben muss. Niemand lässt sich bei einem Unternehmen einstellen, dass keinen »Plan« hat. Pläne sind für unser gesamtes Leben unumgänglich: wir planen Urlaubsreisen, wir planen Hochzeiten, wir planen die Häuser, in denen wir leben, wir planen Abende mit Freunden ... Dabei fühlen wir uns wohl und der Spruch »Vorfreude ist die schönste Freude« wurde für die Gefühle, die wir dabei haben, geschaffen.

Auf der anderen Seite steht die Planung in Unternehmen. Da ist nichts mehr mit Vorfreude. International angesehene Manager wie Bob Lutz oder Jack Welch bezeichnen die Planung als »Hindernis für die amerikanische Wirtschaft« und als »Werkzeug, das Repression erzeugt«. Andere, wie der Beyond Budgeting Round Tabel (BBRT), wollen sogar gänzlich auf die klassische Budgetierung verzichten und berichten von Unternehmen, die damit in der jeweiligen Branche überdurchschnittlich wachsen.

Offensichtlich gibt es auf die Frage »Ist Planung wichtig?« keine richtige Antwort. Es gibt augenscheinlich Unternehmen, wie zum Beispiel Svenska Handelsbanken, die ohne klassische Planung und Budgetierung auskommen und trotzdem führend in ihrer Branche sind.

Daneben ist der Druck von Investoren und Banken gegeben, die ohne Pläne und Budgets kein Unternehmen finanzieren.

In diesem interessanten Spannungsfeld bewegen sich Controller, Manager und Unternehmer gleichermaßen. Ich durfte persönlich in den vergangenen rund zehn Jahren viele Eindrücke sammeln. Durch eigene Erfahrungen als Unternehmer und Ehemann einer Unternehmerin, als Coach bei der Implementierung von Controlling-Systemen und als Seminarleiter. Die vielen Gespräche und Diskussionen mit Praktikern aus unterschiedlichen Branchen und Unternehmensgrößen gaben mir den Überblick, der mich ermutigt hat, dieses Buch zu schreiben.

Sollten Sie Fragen haben oder aus irgendwelchen anderen Gründen gerne mit mir in Kontakt treten wollen, so würde ich mich freuen, von Ihnen zu hören oder zu lesen.

Peter Stark
Winterheller software GmbH
Peter.Stark@winterheller.com

1 Wozu Planung?

Die spannende Frage für jeden Unternehmer und für jeden Mitarbeiter, der in die Planung und Budgetierung eingebunden ist, oder sie zu verantworten hat, lautet: »Weshalb mache ich das überhaupt?« Gerade wenn man weiter oben in der Einleitung gelesen hat, dass man lange Zeit völlig ohne Planung ausgekommen ist oder dass namhafte Manager die Planung als solche sogar »verdammen«, ist diese Frage mehr als berechtigt. Was meinen diejenigen aber, die sagen, Budgetierung ist ein »Übel für das Unternehmertum« – sie meinen wohl vielmehr, dass der Prozess zu komplex gestaltet wird. Sie meinen, dass man nicht versuchen soll, die Zukunft zu prognostizieren, indem man den Verbrauch jedes Bleistiftes, jeder Klopapierrolle monatlich planen soll. Eines ist nämlich andererseits augenscheinlich: Wenn niemand in einer Organisation Grenzen gesetzt bekommt, was man ausgeben darf beziehungsweise was man zu verantworten hat, wird jeder seinen eigenen Bereich im Fokus haben und durch Einsatz der Finanzmittel stärken. Dabei kann es zu unabgestimmten Mehrfachinvestitionen kommen oder man verliert Skaleneffekte bei Investitionen, weil jede Abteilung kleine Mengen eines Gutes kauft. Es ist denkbar, dass fehlende Budgets zu schnellen Investitionen der einzelnen Abteilungen führen, weil jeder Verantwortliche möglichst vor allen anderen an den Geldtopf möchte.

Dieses entstehende Chaos bei fehlenden Regeln soll durch festgelegte Budgets für einzelne Unternehmensteile beseitigt werden. Jede Abteilung hat aufeinander abgestimmte Budgets zur Verfügung, um die gesteckten Ziele zu erreichen und dazu notwendige Aufgaben erfolgreich umsetzen zu können. Die Zusammenführung aller Pläne der verschiedenen Unternehmensbereiche ergibt den Plan für das gesamte Unternehmen. Dabei wird aus einem Absatzplan der Umsatzplan und daraus abgeleitet die Produktion und der Wareneinkauf entwickelt. Diese Pläne verbunden mit den Kostenstellenplänen ergeben die Gewinn- und Verlustrechnung. Diese sollte in eine Planbilanz integriert und zu einem

Das 1x1 des Budgetierens. Peter Stark

ISBN: 3-527-50133-9

Plan Finanzplan ausgebaut werden (siehe Kapitel 5 »Integrierte Planung«). Der Prozess, die Teilpläne und den zeitlichen Ablauf zu koordinieren, ist dabei eine der großen Herausforderungen (Kapitel 3 »Budgetierungsprozess«). Das daraus entstandene Budget gibt sowohl dem Management als auch den Investoren Sicherheit darüber, dass man die gleiche Vorstellung von der Zukunft teilt – egal ob sie so eintreten wird oder nicht. Insofern ist das Budget ein Kommunikations-Tool zwischen Investoren, Unternehmensführern und den Mitarbeitern eines Unternehmens.

Die Bedeutung von Plan und Ziel ist daher nicht nur in vorgegebene Formblätter einzugeben, welche Umsätze oder Kosten man für die kommende Periode erwartet. Planung ist vielmehr ein kreativer Prozess, der diese Daten zum Ergebnis hat. Sie entstehen während eines Prozesses und bilden sein Ende. Sie sind nicht der eigentliche Zweck. Von der obersten Unternehmensspitze wird eine Marschrichtung vorgegeben, die im Fall von kleinen und mittleren Unternehmen von wenigen, im Fall von Konzernen von vielen Einzelpersonen erarbeitet wurde. Dieser globale Plan wird dann auf die hierarchisch dafür notwendigen Einheiten heruntergebrochen. Diese erarbeiten Maßnahmen, um die Ergebnisse erreichen zu können. Diese Maßnahmen in Euro bewertet ergeben das entsprechende Budget (vgl. Kapitel 2 »Abgrenzung der Begrifflichkeiten«).

Es ist seit jeher unbestritten, dass Menschen mit Zielen über einen klareren Fokus und eine höhere Leistungsbereitschaft verfügen. Sätze wie: »Menschen, die keine Ziele haben, sind dazu gezwungen, die Ziele anderer zu erreichen«, gewinnen in unseren Tagen zunehmend an Bedeutung. Aufgrund eines hohen Grades der Zufriedenheit und der Sättigung erreichen die mitteleuropäischen Länder ein Niveau, von dem aus es schwer ist, sich zu motivieren, noch mehr erreichen zu wollen. Gesetzliche Vorschriften machen es den Unternehmern schwer, von den Mitarbeitern Außergewöhnliches zu fordern. Der Leistungssport ist dem Business in diesem Punkt sehr ähnlich. Sieht man sich herausragende Persönlichkeiten an wie zum Beispiel Lance Armstrong, Hermann Meier, Pete Sampras, Tiger Woods oder Michael Schumacher, so haben sie eines gemeinsam: den absoluten Willen zu siegen und das Ziel, der Beste in der jeweiligen Sportart zu sein. Diesem Ziel ordnen sie ihr gesamtes Leben unter. Wäre Lance Armstrong beispielsweise nicht eine Person, sondern ein Mitarbeiter des Unternehmens Lance Armstrong gewesen, hätte er aufgrund seiner Krankheit und des damit verbundenen, gesetzmäßigen Schutzes von Arbeitnehmern aufgeben müssen. Unser soziales Netz ist meines Erachtens häufig zu eng geknüpft. Es zwingt uns dazu, zu früh aufzugeben. Er hätte sich seiner Krankheit nicht stellen dürfen, sondern wäre gezwungen gewesen, in Krankenstand zu gehen. Er wäre gesetzlich versichert gewesen und hätte dadurch unter Umständen nicht mehr die Power bekommen, bei der Tour de France mitzufahren. In seinem Fall war es aber so, dass er sich auf nichts verlassen konnte. Keine Versicherung, keine frühzeitige Rente. Diese Aussicht und sein Wille, wieder Rad fahren zu können, haben ihm die Kraft gegeben, gegen seine Krankheit anzukämpfen. Sein Ziel war es, die schwerste Radrundfahrt der Welt zu gewinnen, die Tour de France. Unsere Ziele scheinen damit verglichen gering. Die Ausgangslage war für dieses Ziel schlechter als alle anderen Situationen, die man sich vorstellen kann. Lance Armstrong hat gezeigt, dass man alles schaffen kann. Egal wie die Ausgangssituation ist: Setzen Sie sich ein Ziel, verinnerlichen Sie es und lassen Sie es nie wieder los, bis Sie es erreicht haben. Wenn Sie so weit sind, suchen Sie sich ein neues.

Vergleiche aus dem Sport

Wie wichtig es ist, sich Ziele zu setzen, zeigt das Experiment, das die Sportuniversität in Wien in den siebziger Jahren durchgeführt hat.

Eine Profi-Hochspringerin, die zu den Top-Athletinnen Europas zählte, sollte einen Sprung ohne die Hochsprunglatte machen, die normalerweise ihr sichtbares Ziel darstellte. Diese Kunststofflatte kennzeichnete für sie die Linie, die sie überspringen musste.

Diese Dame war Profi, das heißt: Tagtäglich trainierte sie mindestens sechs Stunden. Sie optimierte ihre Sprungkraft und den perfekten Anlauf in Bezug auf Anlaufpunkt, Radius und Absprungspunkt. Anders als wir Amateure wusste sie genau, was sie tun musste, und ihr Körper war dafür optimal trainiert.

Der Profi-Hochspringerin wurden folgende Instruktionen mitgegeben: Mach alles wie immer, starte beim optimalen Punkt, laufe den Radius genau so wie du ihn immer läufst. Springe am optimalen Punkt ab und so hoch du kannst. Das überraschende Ergebnis: Ohne sichtbares Ziel erreichte die Profi-Sportlerin nur 70 Prozent ihrer gewohnten Leistung. Das heißt, sie blieb 30 Prozent unter ihren Möglichkeiten!

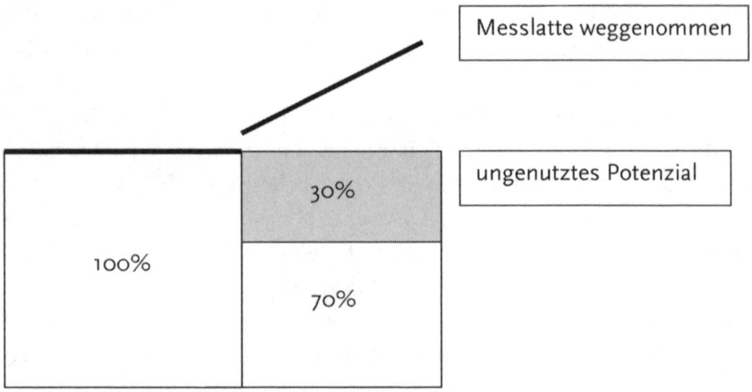

Abb. 1: Ungenutztes Leistungspotenzial durch fehlende Ziele

Was wir aus dem Beispiel lernen: Das bedeutet, dass 30 Prozent unseres Leistungspotenzials brachliegt, wenn wir keine Ziele haben. Wenn man morgens aufsteht und sich nichts vornimmt, arbeitet man lediglich mit 70 Prozent seines möglichen Arbeitspotenzials.

Ein anderes bekanntes Phänomen zu diesem Thema findet man im Motorsport. Solange ein Verfolger keinen Sichtkontakt zum führenden Vordermann hat, ist es für ihn sehr schwer, den Rückstand zu verringern. Sobald der Gegner jedoch ins Blickfeld rückt, wird der Abstand Meter für Meter geringer. Verblüffend: Erst in dem Moment, in dem man das »Ziel« wirklich vor Augen hat, holt man die letzten 30 Prozent Leistungspotenzial aus sich heraus. Es wird um den Tick später gebremst und um die Zehntelsekunde schneller wieder beschleunigt. Genauso ist es in jedem Unternehmen und in jeder Abteilung. Wenn man Ziele vor Augen hat und auch während eines Zeitverlaufes das Feedback bekommt, wo man sich im Hinblick auf dieses Ziel befindet, ist die Wahrscheinlichkeit größer, dass man »mehr aus sich herausholt«. Ein Beispiel dazu aus dem Vertrieb: Mitarbeiter setzen sich das Ziel, eine Menge von 1 200 Stück irgendeines Produktes während eines Jahres zu verkaufen. Leider bekommen sie in den einzelnen Monaten keine Rückmeldung, wo sie stehen. Der eine denkt sich: Es läuft ganz gut – ich werde es schon schaffen; ein weiterer ist ganz sicher, dass es klappen wird – aber beide haben keinen Sichtkontakt mit ihrem Ziel, wie ihn der Rennfahrer aus dem oben genannten Beispiel hat. Daher haben sie keinen zusätzlichen Antrieb. Ob sie ihr Ziel erreichen oder nicht, bleibt dem Zufall überlassen. Hier sieht man, wie wichtig die laufenden Plan-Ist-Vergleiche sind. Sie geben die Möglichkeit, rechtzeitig korrigierend einzugreifen und Ziele mit hoher Wahrscheinlichkeit zu erreichen (siehe Kapitel 6 »Plan-Ist-Vergleich«).

Was erreichen Menschen mit Zielen?

Wenn es einem Manager gelingt, gemeinsam mit den Mitarbeitern seines Unternehmens entsprechende Messlatten zu entwerfen und zu visualisieren, ist ein überdurchschnittlicher unternehmerischer Erfolg sicher. Doch was ist das Besondere an solchen motivierenden Messlatten – nennen wir sie »individuelle Ziele«?

Wissenschaftlich gesehen zeichnet sich ein Ziel durch »Zeitbezug«, »Ausmaß« und durch »Personenbezug« aus. Das heißt am konkreten Beispiel: Der Mitarbeiter Herr Müller verpflichtet sich, im kommenden Jahr seinen Umsatz um 50 Prozent zu steigern.

In der Praxis reicht das alleine aber noch nicht aus. Herr Müller muss zudem motiviert sein, dieses Ziel zu erreichen; er muss die Energie haben, alles zu tun, um eine Steigerung von 50 Prozent tatsächlich zu realisieren.

Um das zu schaffen, sollte das Ziel nach Möglichkeit vom Mitarbeiter selbst kommen, zumindest wäre es der Sache dienlich, es gemeinsam mit ihm zu entwickeln. Keinen Sinn hat es, das Ziel unrealistisch hoch zu stecken. Erreicht werden können nur realistische Zahlen. Als Ansporn für den Mitarbeiter empfehlen sich finanzielle Anreize, die man an die Zielerreichung oder die Zielübertreffung knüpfen kann. Dasselbe gilt auch für Selbstständige. Ohne ein Ziel und die notwendige Energie wird genau das entstehen, was ohne die beiden Komponenten entstehen kann: nämlich nichts.

Beispiel: Wenn Sie sich selbstständig machen, sollten Sie nicht nur eine Idee, sondern auch ein Ziel haben. Das heißt, dass Sie nicht einer Laune folgen, sondern konkrete Vorstellungen darüber haben sollten, was sich ändern soll. Sich »einfach so« in das Abenteuer Unternehmer zu stürzen wäre verantwortungslos. Was gilt es zu tun? Es ist einfach:

Setzen Sie sich Ziele und versehen Sie sie mit Energie. Damit ist gemeint, dass Ihre Wünsche, Träume und Hoffnungen nur dann eine Chance auf Verwirklichung haben, wenn Sie effektives Handeln dahinter setzen. Nicht nur qualitativ im Sinn eines Businessplans, sondern ganz allgemein. Was soll sich in welchen Schritten und wann geändert haben, damit Sie zufrieden sind?

Paul K. ist in seinem Job nicht mehr zufrieden. Da der Arbeitsmarkt schlecht ist und die öffentliche Hand selbstständige Unternehmer unterstützt, beschließt er, ein Unternehmen zu gründen. Bisher war er im Innendienst tätig, träumte aber schon lange davon, ein Restaurant mit eigener Bar zu eröffnen. Seine Freunde und Bekannten sind der Meinung, dass so etwas in ihrem Wohnort fehlen würde. Deshalb ist Paul K. sicher, dass sein Plan, Restaurantbesitzer zu werden, aufgehen wird. Er holt Informationen über die gesetzlichen Rahmenbedingungen ein. Er sucht nach einem entsprechenden Lokal und verhandelt eine Pacht auf das Gebäude. Alles sieht sehr positiv aus – sogar einen bekannten Koch kann er als Küchenchef gewinnen. Damit er sich voll auf sein neues Ziel konzentrieren kann, kündigt er. Das ist ein sehr energetischer Schritt und beweist, wie wichtig ihm sein Ziel ist. Andere würden solange warten, bis sie entweder entlassen werden oder bauen ihre neue Existenz »nebenbei« auf. Auch diese beiden Wege kann man gehen – doch Sie spüren bestimmt die höhere Entschlossenheit beim ersten. Wer meint, es sei unvernünftig, auf eine Abfindung zu verzichten, oder es wäre doch besser, anfangs auf zwei Hochzeiten zu tanzen, der hat wohl noch nie ein wirkliches, ein »energetisches« Ziel verfolgt.

Was erreichen Unternehmen mit Zielen?

Ein Unternehmen beschreibt ein Netzwerk aus sozialen Beziehungen vieler Menschen. Neben den Mitarbeitern sind das die Kunden, Lieferanten, Unternehmenspartner, letztendlich die Gesellschaft, die jedes einzelne Untenehmen auf unterschiedliche Art und Weise wahrnimmt. Es ist daher von essenzieller Bedeutung, dass man dem Unternehmen als Ganzes eine Aufgabe, ein Ziel gibt. Je besser das gelingt, umso eher findet man Mitarbeiter für das Unternehmen, Kunden, die die Produkte abnehmen, und Partner, die mit dem Unternehmen zusammenarbeiten wollen.

Die Planung und das Budget spielen eine wichtige Rolle dabei, die Sicherheit und Stabilität des Unternehmens nach außen hin zu dokumentieren. Ganz konkret erklärt das Budget nach außen:

»Das haben wir uns für das kommende Jahr vorgenommen. An diesem Ziel messen wir unseren Erfolg.«

Eindrucksvoll sind unterschiedliche Betrachtungsweisen bezüglich des Plans. In der Literatur unterscheidet man zwischen dem europäisch-amerikanischen und dem asiatischen Ansatz.

Der Ansatz der westlichen Länder besteht darin, aus der Vergangenheit die Zukunft abzuleiten. Wie viel Umsatz haben wir letztes Jahr gemacht – wie viel Budget trauen wir uns im kommenden Jahr zu? Wie groß war unser Marktanteil, was können wir im kommenden Jahr erreichen?

Asiatische Unternehmen hingegen sehen von Anfang an das ganz große Ziel. Wo soll unser Unternehmen in fünfzig Jahren stehen? Welchen Umsatz soll es dann machen? Wie groß soll der Marktanteil dann sein? Für die laufenden Jahresbudgets gilt das Motto: Wie groß muss der Beitrag im kommenden Jahr sein, um in fünfzig Jahren das Ziel erreicht zu haben? Welche Aktivitäten müssen wir unternehmen, um auf unserem Weg zu bleiben?

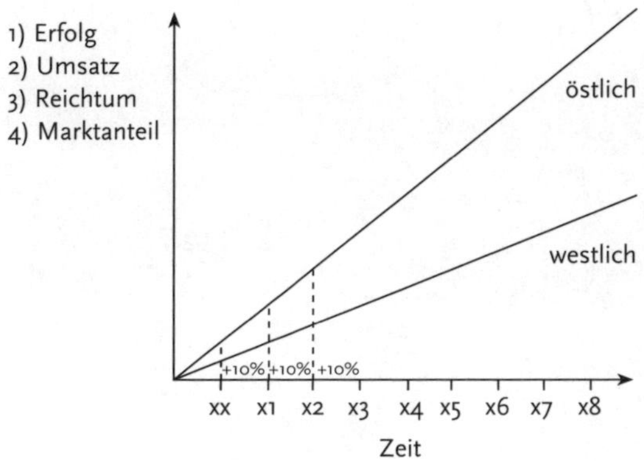

Abb. 2: Der westliche und der östliche Ansatz zur strategischen Planung

Es gilt: Keiner der beiden Ansätze ist »richtig« oder »falsch«. Unternehmer sollten sich nur bewusst sein, wie weit die beiden Pole im Hinblick auf die Betrachtungsweise eines »Jahresbudgets« auseinander liegen können.

Bei beiden Ansätzen gilt aber, dass es ein oder mehrere Unternehmensziele gibt, die der Gradmesser für den Erfolg sind. Was die Anzahl der Ziele betrifft, so ist auch hier ein klares Commitment besser. Je klarer der Fokus ist, umso konsequenter kann man sich auf diese eine Ausrichtung konzentrieren. Häufig wird man mit Gelegenheiten konfrontiert, sein Geschäft noch in die eine oder andere Richtung zu erweitern. Diese Schritte sollten wohl überlegt sein. Jede zusätzliche Branche, jedes zusätzliche Produkt, jede zusätzliche Region, die erschlossen werden kann, erfordert die Energie der Mitarbeiter und des Managements. Ein Unternehmenszweck sollte stabil laufen und für betriebswirtschaftliche Sicherheit sorgen. Erst dann macht es Sinn, sich mit neuen Möglichkeiten auseinander zu setzen.

Nach diesen allgemeinen Überlegungen zum Thema Planung und Budgetierung hilft das kommende Kapitel dabei, Begrifflichkeiten abzugrenzen, die im Kontext häufig genannt werden.

2
Abgrenzung der Begrifflichkeiten

Im Kontext zum Begriff »Budget« gehen in der Literatur die im Folgenden erklärten Begriffe einher. Man spricht von Vision, Mission, strategischen Zielen, operativen Zielen, mittelfristigen Zielen, Planung oder Budget. Häufig werden diese Begriffe gemischt und falsch verwendet. Daher möchte ich die unten aufgeführte Beschreibung vorschlagen. Dabei ist es wichtig zu verstehen, dass diese Definitionen hierarchisch aufeinander abgestimmt sein müssen und als Ganzes das Unternehmen bestimmen.

Am Anfang steht immer die Vision eines Unternehmers oder einer Gruppe von Menschen. Aus der Vision werden die langfristige Mission beziehungsweise die strategische Planung abgeleitet. Aus Vision und Mission ergibt sich die Motivation zur Gründung und Unterhaltung eines Unternehmens. Mission und strategische Planung bilden wiederum den Rahmen für die kurzfristige Planung und das Budget. Der Vergleich der Plandaten mit den aktuellen Istdaten ergibt den Plan-Ist-Vergleich, der als kontinuierliches Steuerungsinstrument dient. Das durch laufende Istdaten ergänzte Budget ergibt wiederum den Forecast – die Hochrechnung des erwarteten Ergebnisses zum Jahresende. Die Unterscheidung der Begriffe ergibt sich einerseits durch ihre Einteilung auf einem Zeitstrahl, aber auch durch die Messbarkeit. Die Vision und die Mission sind nicht messbar, während strategische Planung und Budget durch die Bewertung von Aktionen und Maßnahmen in Geldeinheiten messbar gemacht werden.

Vision

Mit der Vision legt das Management das zukünftige Bild des Unternehmens fest. Allgemein wird beschrieben, wofür das Unternehmen steht. Wie lauten die sozialen Werte, wie wird mit Kunden, Lieferanten,

Das 1x1 des Budgetierens. Peter Stark

ISBN: 3-527-50133-9

Mitarbeitern und Partnern umgegangen? Es geht bei der Vision darum zu erklären, *was* man langfristig darstellen möchte. In einem Zitat von Antoine de Saint-Exupery heißt es:

> *»Wenn du ein Schiff bauen willst, so trommle nicht Menschen zusammen, um Holz zu beschaffen, Werkzeuge vorzubereiten, Aufgaben zu vergeben und die Arbeit einzuteilen, sondern lehre die Menschen die Sehnsucht nach dem weiten, endlosen Meer.«*

Diese Metapher zeigt am besten, was eine Vision ist. Eine Vision ist die Vorstellung des Zustandes, den wir erschaffen wollen. Mit einer Vision geben Sie die Richtung an, in die sich Ihr Unternehmen entwickeln soll. Sie drückt aus: Wo wollen wir irgendwann stehen? Eine Vision ist nie messbar. Es ist ein Gefühl, eine Energieform, die den Sog für die »gemeinsame Sache« erzeugt und alle Beteiligten wie Arbeitgeber, Arbeitnehmer und Kunden gewinnen lässt.

In kleineren Firmen wird eine Vision in der Regel nicht schriftlich festgehalten, sondern dient lediglich als ein vom Unternehmer gedachtes Bild des Unternehmens in der Zukunft. Im Gegensatz dazu wird in größeren Unternehmen eine Vision in ein so genanntes Leitbild (Unternehmensleitbild) umgesetzt. In schriftlicher Form dient es dazu, die Leitplanken zu setzen, die zu einem erfolgreichen Unternehmen in der Zukunft führen. Dieses Leitbild wird bei möglichst vielen Führungskräften und Mitarbeitern sowie weiteren Anspruchsgruppen bekannt gemacht.

Trotz des mehr oder weniger konkreten Zukunftsbildes, welches verantwortlich für die maßgebliche Prägung des Unternehmens ist, existieren dennoch wesentliche Merkmale, die bei einer Vision berücksichtigt werden müssen. Sie ist subjektiv und primär zukunftsorientiert. Sie hat Vorgabecharakter und es lassen sich entsprechende Handlungen aus ihr ableiten. Dadurch ergibt sich gleichzeitig, dass sie zielgerichtet ist auf Beeinflussung der Führungsinstrumente. Sie spiegelt die persönliche Überzeugung des Topmanagements wider und steht immer in engstem Zusammenhang mit der strategischen Ausrichtung.

Mission und Strategische Planung

Sobald das Unternehmen durch die erstellte Vision ein Bild abgibt, wie es sich in Zukunft darstellen wird, werden grundsätzliche Verhaltensweisen abgeleitet, die in ihrer Summe die Art ergeben, wie man die Vision umsetzen möchte. Jedes Unternehmen muss definieren, wofür es steht, bis es seinen Idealzustand erreicht hat. Welche Werte sind wichtig, wie will man das Unternehmen positionieren? Noch immer gibt es in Bezug auf quantitative Größen nichts zu »messen«. Vielmehr werden durch die Mission Regeln festgelegt. Gleich den Zehn Geboten oder dem Grundgesetz, werden Verhaltensweisen festgelegt, die das Miteinander von Mitarbeitern, Führungskräften, Kunden und anderen Partnern am Markt beschreiben.

Als Basis für die Mission und die langfristige Beschreibung der Unternehmenswerte gibt es zwei Ansätze: den europäisch-amerikanischen und den japanischen. Der erste geht vom Istzustand aus, dessen Erhebung und Messung große Bedeutung zukommt. Die angestrebten Zustände in Bezug auf den Unternehmenserfolg sind dabei selten kreativ, weil sie primär auf vorhandenen Potenzialen und Richtlinien aufbauen und für den visionären Gedanken zu kurzfristig sind. Man befindet sich im Korsett der gegebenen Umstände und passt die langfristigen Ziele diesem Korsett an.

Der zweite, japanische Ansatz, stellt das zu erreichende Ziel in den Mittelpunkt und kümmert sich wenig um die momentanen Rahmenbedingungen. Die Frage lautet »What is the best way to be?« – oder: »Wo soll das Unternehmen in hundert Jahren in Bezug auf Rentabilität, Umsatz und/oder Marktanteil stehen?« Dadurch ergibt sich die Mission ohne vorher festzustellen, was momentan nicht geht (nur weil es so noch keiner macht). Die größten Errungenschaften gäbe es nicht, wenn nicht geniale Erfinder über ihren Tellerrand hinausgesehen hätten. Diesen Mut brauchen auch Unternehmer und Unternehmen. In erschreckend vielen Unternehmen ist die Mission nur einem sehr kleinen Kreis (Unternehmensgründer oder oberstes Management) bekannt.

In meinen Seminaren stelle ich die Frage, ob es in den Unternehmen, aus denen die Teilnehmer kommen, Mission Statements gibt. Meistens weichen die Teilnehmer aus. Manchmal bekomme ich zur Antwort: »Sicherlich gibt es bei uns eine Vision und eine Mission, aber die kennen nur die Vorstandsmitglieder.« Sie können sich bestimmt vorstellen, weshalb Unternehmen, in denen die Mission bis zur untersten Mitarbeiterebene bekannt ist, erfolgreicher sind als andere. Es geht dabei vor allem um die Motivation der Mitarbeiter, für *ihr* Unternehmen erfolgreich zu arbeiten. Die Mitarbeiter sind stolz auf ihr Unternehmen und die Werte, für die es steht. Dadurch geht im Regelfall die Mitarbeiterfluktuation zurück, und Mitarbeiter bringen ihre Gedanken und Ideen in das Unternehmen mit ein, sobald sie wissen, wohin es gehen soll.

Beispiel: Mitarbeitereinbindung

Ich habe beobachtet, dass in jeder McDonalds-Filiale ein eigener Raum für Mitarbeiter existiert, in dem sie sich (während der Arbeitszeit!) Imagefilme des Unternehmens ansehen können. Erfolgsstorys der Manager werden genauso gezeigt wie die Geschichte des Unternehmens und selbstverständlich: die Vision! In Ihrem Unternehmen ist das wahrscheinlich undenkbar. Entweder gibt es eine eigene Unternehmenspräsentation mit Vision gar nicht oder aber es wird nicht zugelassen, dass Mitarbeiter während der Arbeitszeit fernsehen! Ich rate Ihnen: Regen Sie es im Management an, dass die Vision des Unternehmens erarbeitet, in Präsentationsmedien umgesetzt und den Mitarbeitern zugängig gemacht wird.

Wie aber kann man eine Mission im Unternehmen »entwickeln«, falls sie noch nicht vorhanden ist? Dazu die folgenden Überlegungen.

Es besteht zwischen Menschen immer eine Kultur, eine spezielle Art, wie man miteinander umgeht. Das Erstellen einer Mission und der dazugehörigen Verhaltensregeln ändert dieses Miteinander.

Ein Kulturwandel im Unternehmen braucht prinzipiell Zeit und echte Begeisterung bei allen Beteiligten. Deshalb sollten schon von Beginn an so viele Mitarbeiter wie möglich in den Prozess der Missionsentwicklung einbezogen werden. Die Überführung der in der Mission festgelegten Ziele, Werte und Normen in den betrieblichen Alltag kann nur gelingen, wenn das Management und die Führungskräfte durch das entsprechende Verhalten ihre Überzeugungen vorleben. Ein Beispiel, das den Weg einer Missionsentwicklung und -implementierung eines Unternehmens nachzeichnet, zeigt auf anschauliche Weise, dass Veränderungen tatsächlich gelingen können:

Vorstand oder Geschäftsführung sehen im Zuge sich verändernder Marktbedingungen die erfolgreiche Zukunft des Unternehmens in Gefahr, denn die bisher gelebten und tradierten Werte, Normen oder Verhaltensweisen stehen dem notwendigen Wandel kontraproduktiv entgegen. Eine Mission für ein gemeinsames Verständnis muss her, die den veränderten Bedingungen und Anforderungen des Marktes Rechnung trägt und von allen Beschäftigten mit Kopf und Herz gelebt wird. Das Topmanagement formuliert Leitideen und Leitsätze. Die entstandene Mission wird danach durch eine Werbeagentur in eine ansprechende Broschüre überführt und an alle Mitarbeiter verteilt. Jetzt sind alle informiert und jeder weiß, welche »Spielregeln« von nun an sowohl für die Zusammenarbeit untereinander als auch mit den Kunden und Geschäftspartnern verbindlich gelten.

Häufig passiert dann aber gar nichts. Die Broschüren verschwinden – einmal gelesen – in den Schubladen, und die Mitarbeiter ärgern sich über die Geldverschwendung und darüber, dass sie als Betroffene nicht einmal gefragt worden sind.

Zugegeben: Dies ist eine zur Karikatur überspitzte, naive und unprofessionelle Vorgehensweise bei der Konzeption, Umsetzung und Kommunikation einer so tief greifenden »Kulturveränderung« im Unternehmen. Und doch sind die gescheiterten Versuche eines internen Wertewandels häufiger als die erfolgreichen.

Wie es anders gehen kann, zeigt das Beispiel eines Herstellers von Textilmaschinen.

Bis vor einigen Jahren war die unternehmerische Welt noch in Ordnung: Seit Jahrzehnten größter Arbeitgeber der Region mit etwa 4000 Beschäftigten, konnten neu eingestellte Mitarbeiter damit rechnen, hier auch in Rente zu gehen. Das Unternehmen wurde patriarchalisch geführt. Es war Garant für Sicherheit und Wohlstand, ein »väterlicher« Vorstand sorgte allein für das Wohl und Wehe des Unternehmens. Man war stolz auf die Qualität der produzierten Maschinen. »Made in Germany« war hier kein Schimpfwort, sondern Ausdruck technischer Höchstleistungen, Zuverlässigkeit und Solidität. Ein jährlich abgehaltener »Tag der offenen Tür« stellte den Kontakt zu der Bevölkerung des Standortes her und wurde wegen des volkstümlichen Charakters gerne und in großer Anzahl besucht.

Nicht unbelastet durch den internationalen Wettbewerb mit Konkurrenten aus Billiglohnländern und einem damit verbundenen verschärften Kostendruck sowie schmerzhafter Auftragseinbrüche durch die Asien-Krise am Ende der neunziger Jahre mit den typischen Konsequenzen wie Kurzarbeit und Personalfreisetzungen, hatte sich die Situation auch bei unserem Beispiel-Unternehmen dramatisch verschärft, und der Vorstand wurde entlassen. Nach Abwendung eines drohenden Konkurses durch eine schmerzhafte Sanierung und einer ersten großen Welle von Entlassungen konnte ein erfolgreicher Turnaround eingeleitet werden.

Es galt für alle Beschäftigten, Abschied zu nehmen von liebgewordenen Arbeitsformen, Gewohnheiten im Umgang miteinander und vor allem der bisher vertrauensvollen und hoffungsvollen Zukunftsperspektive für alle Arbeitsplätze. Jeder Mitarbeiter kannte mindestens einen Kollegen persönlich, der dem ökonomisch notwendig gewordenen Kahlschlag zum Opfer fiel. Die Folgen dieser dramatischen Ereignisse führten bei Führungskräften wie Mitarbeitern zu einer großen Verunsicherung in Bezug auf den eigenen Arbeitsplatz, zu einem Vertrauensverlust in das Management und einer Desorientierung bezüglich der Werte, Normen und Regeln der zukünftigen Zusammenarbeit.

Eines war sicher: Die bisher existierende Form der Arbeitsorganisation mit vielen Schnittstellen und Hierarchieebenen, geringer Mitsprache- und Mitwirkungsmöglichkeit der Mitarbeiter, langsamer Umsetzungsgeschwindigkeit von Entscheidungen und starren Arbeitsstrukturen war obsolet geworden. Wenn schon die Fundamente der bisherigen Zusammenarbeit nicht mehr tragfähig waren, so mussten an diese Stelle neue Formen des Umgangs miteinander und der Arbeitsorganisation, neue Ziele, Werte und Normen treten. Um einen Neuanfang zu initiieren, eigenverantwortliches und selbstständiges Arbeiten der Mitglieder in den neu zusammengesetzten Teams und Arbeitsgruppen zu fördern und vor allem Vertrauen bei den Beschäftigten in die zukünftige Entwicklung des Unternehmens wieder aufzubauen, hatte sich das neu zusammengesetzte Management dazu entschieden, neben den begonnenen Maßnahmen zur Reorganisation und Umstellung auf teamorientierte Arbeitsformen eine den verschärften Marktbedingungen entsprechende Veränderungsbereitschaft im Denken und Handeln aller Mitarbeiter und Führungskräfte auf der Basis einer neu formulierten Mission herzustellen.

Unternehmen verändern sich, um den Erfordernissen des Marktes zu entsprechen. Eine neue, strategische Ausrichtung des Unternehmens, eine innovative Umstrukturierung der Arbeitsorganisation oder die Einführung moderner Formen der Arbeitsorganisation erfordern ein Mit- und Umdenken aller Betroffenen. Nachdem eine Strategie und daraus abgeleitete Ziele von Managementseite für das Unternehmen entwickelt und formuliert worden sind, besteht die Aufgabe darin, die notwendig gewordenen Maßnahmen zur Veränderung einheitlich zu vermitteln. Ein Unternehmensleitbild soll hierbei allen Mitarbeitern die erforderliche Orientierung geben, um gemeinsam den Weg für eine erfolgreiche Zukunft des Unternehmens zu gehen. Ein Unternehmensleitbild stellt somit eine Art »Verfassung« für die Mitglieder einer Organisation dar. Die hierin formulierten Regeln und Modalitäten der Zusammenarbeit untereinander wie mit den Geschäftspartnern sind verbindend und verbindlich.

Aber erst, wenn die schriftlich fixierten Werte, Ziele und Orientierungen von möglichst allen Mitarbeitern konsistent gelebt und im Arbeitsalltag praktiziert werden, also das kommunizierte Schriftwerk handlungsleitend überführt wird, ist eine solche Orientierungsfunktion gegeben. Als Soll-Vorstellung übernimmt die Mission gerade in dezentral organisierten Unternehmen ein wichtiges Gegengewicht zu zentrifugalen Kräften.

Die Führungskräfte des Mission-Projektteams sind sich über die Bedeutung der zu konzipierenden Mission als verbindende und verbindliche, sinnstiftende Handlungsorientierung für alle Beschäftigten im Unternehmen sehr wohl bewusst. Demzufolge sollte äußerst konzentriert und ernsthaft und mit großem Engagement zusammen mit den Beratern an der Entwicklung der Mission gearbeitet werden. Die Vorgehensweise bei der Erstellung und Implementierung ist meistens langwierig und aufwändig, aber schlussendlich immer erfolgreich.

Der Weg eines Projektes zur Missionserstellung vom ersten Workshop bis zur Präsentation einer Broschüre vor allen Mitarbeitern soll an dieser Stelle genauer nachgezeichnet werden.

Der Entwicklungsprozess selbst dauert mehrere Monate. Die darauf folgende Phase der Vermittlung, Einführung und Umsetzung der aus der Mission abzuleitenden Maßnahmen ist ein Prozess, der im Prinzip niemals abgeschlossen ist.

Initialphase – Auftrag und Vorüberlegungen

Nach einer notwendig gewordenen Umstrukturierung innerhalb eines Unternehmens gibt der Vorstand die Entwicklung einer Unternehmensmission in Auftrag. Von Unternehmensseite mussten die notwendigen finanziellen, personellen und zeitlichen Ressourcen definiert und zur Verfügung gestellt werden. Von Beraterseite wurden die Vorgehensweise, Meilensteine der Entwicklung, Auswahl von Methoden zur Workshopgestaltung und die Zusammenstellung eines eigenen Projektteams, bestehend aus Moderator, Mediengestalter und Texter, bestimmt.

Organisationsphase – Einsatz von Projektteams

Der zentrale Gedanke bei der Erstellung der Unternehmensmission besteht darin, so viele Mitarbeiter wie möglich in den Entwicklungsprozess einzubinden, um eine möglichst hohe Authentizität und Kongruenz zwischen den Zielen des Unternehmens und den Bedürfnissen der Mitarbeiter herzustellen und so die Identifikation mit den Inhalten des Leitbildes zu ermöglichen. Dies wird gewährleistet durch die Gründung eines »Mission«(Projekt)-Teams. Etwa zwanzig Mitglieder – bestehend aus Führungskräften und Gruppenmitgliedern – aus unterschiedlichen Ebenen und Bereichen des Unternehmens sollten ausgewählt werden und sich regelmäßig treffen. Durch diese Zusammensetzung, die einen Längs- und Querschnitt der Mitarbeiter des Unternehmens repräsentierte, wird sichergestellt, dass möglichst viele Perspektiven berücksichtigt wurden.

Das Projektteam hat die Aufgabe, die Elemente, Ziele, Zielgruppen sowie Formen der Zusammenarbeit und Vorgehensweise der Einführung der Mission in Rohentwürfen zu erarbeiten, zu definieren, zu formulieren und deren Umsetzung später zu betreuen.

In ganztägigen Workshops werden beispielsweise Konzepte, Ideen und Vorgehensweisen der Missionserstellung und ihrer Vermittlung erarbeitet oder Feedback der Mitarbeiter außerhalb der Teams weitergegeben, gesammelt und diskutiert. Die Mitglieder des Missionsteams sollten als jeweilige Führungskraft ihres Bereiches die Mitarbeiter stets über den Stand der Entwicklung in Form von Foliensätzen und Anschauungsmaterial informieren und während der gesamten Dauer der Missionsentwicklung als Ansprechpartner zur Verfügung stehen. Sie fungieren als Multiplikatoren und Kommunikatoren des Entstehungsprozesses.

Die Grobkonzeptphase

In den regelmäßig stattfindenden Workshops werden die Bausteine des Leitbildes erarbeitet. Elemente der Workshops können sein: Plenumsarbeit, Kleingruppenarbeit, Methoden zur Ideenfindung und Kreativitätstechniken, »Hausaufgaben« und so weiter.

Erste Fragen sind meist:

- »Was stellen wir uns unter einer Mission vor?«
- »Was sind die Voraussetzungen für eine Mission?«
- »Wofür brauchen wir eine Mission?«
- »Was sind die Elemente unserer speziellen Mission?«

In mehreren Brainstormings werden Ideen für die Ausgestaltung der Mission gesammelt. Ziel ist die Entwicklung eines Rohentwurfs zu den grundlegenden Elementen der Mission wie Ziele, Zielgruppen, Symbole, Leitspruch, Bildmotive, Textmenge, Stil und weitere Gestaltungselemente.

Die Protokolle, Skizzen und Rohentwürfe werden nach Abschluss der Konzeptionsphase am besten externen Beratern übergeben, um hieraus einen ersten Entwurf in Layout, Bild und Text zu entwickeln.

Es ist meist besser, eine Missions-Broschüre von Profis entwickeln und gestalten zu lassen, da man den herrschenden Sehgewohnheiten der Menschen und den hohen ästhetischen Standards von öffentlichen Printmedien Rechnung tragen sollte. Aber auch die Wichtigkeit und Dauerhaftigkeit einer neu entwickelten Mission sollte mit einer adäquaten, entsprechend aufwändigen Gestaltung unterstrichen werden.

Die Gedanken und Inhalte des Leitbildes liegen zunächst noch in unaufbereiteter Form vor: in Protokollen, handschriftlichen Aufzeichnungen oder immateriell, das heißt in den Köpfen der Projektteam-Mitarbeiter.

Die vorliegenden Aufzeichnungen werden gesammelt, analysiert und strukturiert. Eine sinnvolle Gliederung und entsprechende Gewichtung der Bausteine soll das Verstehen der Inhalte erleichtern. Ziel der externen, also von Beraterseite durchgeführten Grobkonzeptphase ist der erste Entwurf einer Broschüre in Text, Gestaltung und Missions-Symbol.

Inhalt

Der Inhalt wird weitgehend aus den Protokollen der Workshops sowie aus den Mitarbeiter-Feedbacks weiterentwickelt. Daraus ergeben sich entsprechende Gliederungen, die den Inhalt strukturieren. Die Textmenge sollte sich auf ein »so viel wie nötig und so wenig wie möglich« beschränken. Dadurch wird der Leser ermutigt, die wesentlichen Aspekte der Mission zu lesen und zu verstehen.

Sprache

Alle Aussagen sollten klar, knapp und verständlich formuliert sein. Auf Fremdwörter sollte verzichtet werden. Was gesagt wird, wird auf Deutsch gesagt. Nichts braucht »zwischen den Zeilen gelesen« zu werden. So werden die meisten Mitarbeiter erreicht.

Stil

Ein selbstbewusster Sprachstil unterstreicht die Stärken des Unternehmens, und ein forcierter Ton fordert auf, aktiv am Wandel mitzuarbeiten. Bei der Formulierung von Zielen innerhalb der Mission sollte auf feststehende, geschlossene und damit statische Begriffe verzichtet werden. Diese regen zu keinerlei Aktivität an. Stattdessen können Vorgänge dynamisch formuliert werden, die zu Handlungen auffordern:

- nicht »Qualität«, sondern »Kunden überzeugen«,
- nicht »Innovationen«, sondern »Neues entwickeln«,
- nicht »Personalentwicklung«, sondern »Mitarbeiter begeistern«,
- nicht »Umweltschutz«, sondern »Verantwortung übernehmen«.

Entwicklung/Entwurf eines passenden Missions-Symbols

Das Symbol visualisiert – wenn es gelungen ist –die Gedanken der Mission. Die Verwendung eines passenden Symbols hat folgende Effekte:

- Es verankert die Inhalte in anschaulicher und prägnanter Form in den Köpfen der Mitarbeiter.
- Es transportiert die Elemente des Leitbildes ohne Worte.
- Es erinnert stets an die Gedanken des Leitbildes durch bloße Anwesenheit (Stellvertreterfunktion).
- Es verbindet und identifiziert durch Wiedererkennung.

Gerade das Leitbild-Symbol wird meistens auf allen Ebenen kontrovers diskutiert, da sich dessen Logik erst nach eingehender Erklärung und Argumentation den Mitarbeitern erschließen kann.

Entwicklung/Entwurf eines passenden Missions-Spruchs

Ein Leitspruch transportiert – ähnlich wie das Symbol – das Credo einer Mission in einer »griffigen Formel«. Die Auswahlkriterien für die Eignung könnten sein:

- kurz, aber aussagekräftig,
- realistisch und doch fordernd,
- sympathisch,
- für alle geltend und
- einprägsam.

Ein Leitspruch als gemeinsamer Nenner verdichtet die Gedanken und Inhalte der Mission. Er ist ein Kriterium, auf das man sich zur Beurteilung der Veränderung beziehen kann. Er gilt für alle und wirkt daher verbindend und verbindlich. Ein Leitspruch wird durch seine Prägnanz leicht erinnert und stellt so die Verbindung zu den Gedanken der Mission her.

Ein Beispiel für einen Leitspruch kann sein: »XY. Hier bin ich richtig.« Hier fühlen sich sowohl die Mitarbeiter als auch die Geschäftspartner angesprochen.

Das »Ich« stellt sofort einen persönlichen Bezug her. Der Spruch hat einen »positiven« Unterton mit Wohlfühl-Charakter, ist umfassend und bezieht sich nicht nur auf die Leistung.

Entwicklung eines durchgehenden Bildmotivs

»Ein Bild sagt mehr als tausend Worte.« Eine passende, durchgängige Motivreihe (hier: Fotos mit »Händen« in unterschiedlichen Varianten) sollte die Inhalte der Mission in visualisierter Form vereinheitlichen. Dadurch erhalten die unterschiedlichen Aspekte der Mission einen »roten Faden« und werden als sinnvolles Ganzes erlebt.

Feinkonzeptphase – Feedback

Eine Einbindung möglichst vieler Mitarbeiter über Feedback- und Korrekturschleifen hat das Ziel, eine breite Akzeptanz zu erreichen. Durch die Beteiligung der Mitarbeiter schon im Entstehungsprozess wird zudem große Aufmerksamkeit und Interesse an dem Thema »Mission« geweckt.

Nach jedem Entwicklungsfortschritt bei der Ausformulierung und Komposition der Gestaltungselemente ist es die Aufgabe der Führungskräfte aus dem Projektteam, die Mitarbeiter der jeweiligen Bereiche zeitnah zu informieren. Die von den externen Beratern mitgebrachten Präsentationsmaterialien könnten im Unternehmen bleiben und in einem eigens eingerichteten »Showroom« ausgestellt und für jeden zugänglich gemacht werden.

Umsetzungsphase – Realisierung der Endergebnisse

Nach der Freigabe des Endergebnisses sollte die Mission als Broschüre gedruckt und gesamt oder teilweise in verschiedenen Medien veröffentlicht werden:

- Als Broschüre in gedruckter Form zur Verteilung an alle Beschäftigten und Geschäftspartner des Unternehmens (Kunden, Lieferanten, Aktionäre, Banken etc.),
- im Internet zur weltweiten Veröffentlichung als sichtbares Zeichen einer ernst gemeinten Unternehmenskultur,
- als Videofilm zur gezielten Information in ansprechender und animierter Darbietung in der Eingangslounge oder in den einzelnen Filialen, wie das bei McDonalds der Fall ist.

Wie aber formuliert man das Mission Statement für das Unternehmen? Das möchte ich Ihnen am besten anhand eines konkreten Beispiels zeigen. Dazu das Mission Statement eines fiktiven Unternehmens, der Müller GmbH.

»Die Müller GmbH ist ständig bestrebt, eine starke Führungsrolle in der Branche zu übernehmen.«

Dieser Satz legt fest, dass man nicht die Marktführerschaft anstrebt, sondern lediglich zu den besten der Branche zählen möchte. Diese Position soll allerdings ständig gegeben sein.

»Wir wollen unsere Kunden in Europa mit qualitativ hochwertigen Produkten beliefern und begeistern.«

Hier wird beschrieben, dass die Produktqualität im Vordergrund steht und nicht etwa Preisführerschaft. Kunden sollen außerdem nicht nur zufrieden, sondern sogar begeistert sein. Zusätzlich wird der Markt definiert, auf dem man tätig sein möchte, nämlich Europa.

»Wir fordern von allen unseren Mitarbeitern einschließlich der Führungsebene Qualität, Kreativität und Können in ihrer Arbeit.«

Es wird festgelegt, nach welchen Kriterien Mitarbeiter ausgesucht und an welchen Maßstäben sie gemessen werden.

»In unserer gesamten Geschäftsphilosophie respektieren und achten wir unsere Mitarbeiter, ohne die wir nicht bestehen könnten.«

Dieses Statement kann man beinahe als »klassisch« bezeichnen. Man findet es in fast jedem Mission Statement. Es stellt gleichzeitig einen hohen Anspruch an die Mitarbeiter aller Hierarchien. Es rückt die Menschen in den Mittelpunkt des Unternehmenserfolges, was völlig richtig ist. In manchen Unternehmen wird dieser Respekt allerdings nicht gelebt.

»Wir werden unseren guten Ruf bewahren, indem wir die höchstmöglichen ethischen Maßstäbe anlegen. Das Management wird mit großem Engagement für die Mitarbeiter, Kunden, Vertriebspartner und Investoren als gutes Beispiel vorangehen.«

Ethik und gemeinsames Miteinander werden groß geschrieben. Das Management gibt sich selbst eine Vorbildfunktion. Auch dieser Satz gibt, wie der vorherige, Grundzüge für die Unternehmenskommunikation vor. Es bleibt immer zu überprüfen, wie diese Werte tatsächlich gelebt werden.

Abgeleitet aus der Mission werden die langfristigen Ziele definiert. Es wird beschrieben, *was* das Unternehmen langfristig erreichen will. Die strategische Planung beschreibt das Bündel an Maßnahmen, die ergriffen werden, um langfristige Ziele zu erreichen. Nehmen wir die beiden ersten Grundsätze der Müller GmbH. Im ersten heißt es, dass eine starke Führungsrolle in der Branche angestrebt wird. Strategisch bedeutet das die Eroberung eines bestimmten Marktanteils innerhalb der Branche. Diese Ausweitung kann durch den Kauf von Partnern am Markt oder auch durch eigene Expansion erzielt werden.

Im zweiten Grundsatz wird von Europa und von qualitativ hochwertigen Produkten gesprochen. Damit wird festgelegt, dass man Kunden innerhalb Europas betreuen und bei der Forschung sowie der Produktentwicklung hochwertige Qualität liefern möchte. Das bedeutet gleichzeitig, dass man das Wachstum in Europa forcieren will, was auch eine Auswirkung auf den ersten Grundsatz hat. Man wird nämlich die eigene Expansion oder den Kauf eines Marktpartners regional auf Europa beschränken. Was die Produkte angeht, so will man hohe Qualität liefern. Das impliziert wiederum den eigenen Anspruch an Forschung und Entwicklung. Dieser Bereich wird in der strategischen Planung besonders unter Beobachtung stehen und mit Geldmitteln ausgestattet werden.

Strategie oder strategische Planung darf dabei nicht verwechselt werden mit langfristiger Planung. Wenn man zum Beispiel einfach den Status quo für die Zukunft fortschreibt, so ist die Planung bestimmt langfristig, keinesfalls aber strategisch. Strategische Planung beschäftigt sich mit der grundsätzlichen Ausrichtung des Unternehmens. Strategische Entscheidungen können unabhängig von der Fristigkeit getroffen werden. Wenn Sie sich zum Beispiel strategisch für hohe Qualität entscheiden, dann hat das sofort unmittelbare Auswirkung auf die Ausgaben im Bereich Forschung und Entwicklung oder auf die Schulungsausgaben für das qualifizierte Personal.

Plan

Aus der Vision, der Mission und der langfristig angelegten strategischen Planung wird der Plan erarbeitet. Man unterscheidet je nach Fristigkeit zwischen langfristigem, mittelfristigem und kurzfristigem Plan. Dabei werden einzelne geplante Maßnahmen aufgegliedert und auf der

Zeitachse eingestellt. Im langfristigen Plan, wie er etwa einem Businessplan (vgl. Abschnitt »Businessplan«) zugrunde liegt, werden Maßnahmen für die nächsten zehn Jahre festgelegt. Der mittelfristige Plan betrachtet die nächsten drei bis fünf Jahre und der kurzfristige Plan beschreibt die Maßnahmen, die zur Erreichung eines Jahreszieles beschlossen werden. Diese Maßnahmen werden dabei auf monatliche Meilensteine heruntergebrochen.

Für die Müller GmbH bedeutet das, wenn man wiederum die ersten beiden Grundsätze der Mission betrachtet, dass ein Plan – egal ob langfristig oder kurzfristig – immer auf folgende Kriterien hin überprüft werden muss: Behalten wir durch die geplanten Maßnahmen unsere Führungsrolle in der Branche? Verlassen wir unseren europäischen Zielmarkt? Und: Gefährden wir die Qualität unserer Produkte?

Planung ist ein wesentlicher Bestandteil des Führungssystems einer Unternehmung und hat sich in der Praxis zu einem bedeutsamen Managementinstrument entwickelt. Sie beschäftigt sich mit der systematischen Gestaltung der Zukunft eines Unternehmens und umfasst im weitesten Sinne den gesamten Entscheidungsprozess inklusive des Treffens von Führungsentscheidungen. Mit der Planung in unserem Kontext ist demnach nicht allein die Erstellung einer Planbilanz oder eines Plan Cashflows gemeint, sondern in erster Linie die aktions- und sachzielorientierte Planung.

Budget

In der Budgetierung steht dagegen der finanzielle beziehungsweise monetäre Teil der Planung im Mittelpunkt. Hier setzt schließlich »das Budget« an. Die für das kommende Jahr geplanten Maßnahmen werden auf monatlicher Basis in monetäre Größen gegossen. Bei der Erklärung des Begriffs gibt es historisch gewachsene Erwägungen, die in der weitesten Auslegung von einer völligen Gleichsetzung von Budgetierung und Planung ausgehen. Der Begriff Budget kommt ursprünglich aus der Haushaltsrechnung des Staates und anderer Hoheitsverwaltungen. Im Bereich Controlling wird das Budget als eine Wirtschaftlichkeitsrechnung angesehen. Diese beinhaltet die umfassende Darstellung der geplanten und in Geldeinheiten umgeformten Gesamttätigkeit des Unternehmens in einer zu planenden Periode. Die Budgetplanung ist als

Unterbegriff der Planung einzuordnen und spezifiziert die Aufstellung des Budgets und seine praktische Durchführung. Inhaltlich bezieht sich die auch als Budgetierung bezeichnete Budgetplanung auf die mengen- und wertmäßige Durchrechnung der im zu budgetierenden Jahr geplanten operativen Maßnahmen. Mit der Zuweisung finanzieller Ressourcen an die einzelnen Bereiche des Unternehmens werden die geplanten Ziele und Maßnahmen detailliert in quantitative Größen überführt. Da besonders im Rahmen der kurzfristigen Planung eine sehr ausführliche Festlegung der Planinhalte vorzunehmen ist und darüber hinaus diese Planung letztendlich immer in Geldeinheiten umgesetzt werden muss, kommt dem Budget als Koordinations- und Integrationsinstrument der Teilpläne der unterschiedlichen Unternehmensbereiche eine große Bedeutung bei der Unternehmenssteuerung zu. Budgets enthalten aber keine Normen, sondern lediglich Leitlinien. Unvorhersehbare Änderungen und Abweichungen der Istzahlen von den Planzahlen können auftreten. Anhand eines Plan-Ist-Vergleichs wird der Vollzug des Budgets im Rahmen der Budgetkontrolle überprüft. Daraus wird das Ausmaß der Einhaltung der geplanten Werte ersichtlich. Abweichungsanalysen sind für sich genommen ein starkes Argument eine Budgetplanung durchzuführen. Häufig erkennt man erst durch die Gegenüberstellung von geplanten mit den tatsächlichen Ergebnissen, dass sich das Umfeld verändert hat. Durch tiefer gehende Analysen über das dann aktuelle Unternehmensumfeld kann man aktuellere Planungen in Form von Forecasts oder Szenarien erstellen.

Das Gesamtbudget eines Unternehmens besteht aus einer Vielzahl von Teilbudgets einzelner Bereiche, welche im Rahmen der Gesamtplanung zu konsolidieren sind. Für die zu budgetierende Periode bietet sich dabei unter Sicherheits- und Operativitätsgesichtspunkten der Zeitraum eines Jahres an. Die Umwandlung der Planungen zu konkreten Vorgaben in Form von Budgets kann mittels Top-down-Approach, Bottom-up-Approach oder auch im Gegenstromverfahren (vgl. Kapitel 6 »Budgetierungssysteme«) erfolgen. Es ist die Aufgabe der Controllingabteilung, die einzelnen Teilbudgets zu einem Budgetsystem zusammenzufügen.

Führen wir das Beispiel der Müller GmbH konsequent weiter. Plan ist es, die Marktführerschaft in Europa mit hochqualitativen Produkten auszubauen. Das bedeutet für das kommende Jahr unter anderem: Aufbau von Vertriebsnetzen in Europa, Steigerung der Bekanntheit durch Marketingmaßnahmen und personellen Aufbau des Bereiches Forschung und Entwicklung. Die Personalabteilung muss daher im Budget die Kosten für die Suche nach Vertriebsmitarbeitern und Forschern mit fundiertem Background einstellen. Das Rechnungswesen muss ergänzend entsprechenden Mehraufwand für die Betreuung der neuen Mitarbeiter planen. Die Vertriebsleitung budgetiert unter Berücksichtigung des Einstellungsdatums der neuen Mitarbeiter entsprechende zusätzliche Umsätze. Das Marketing plant die Kosten für weiterführende Unterlagen und Imagekampagnen, entsprechend den Anforderungen, die sich einem führenden Unternehmen der Branche in der Außenwahrnehmung stellen. Sobald alle Unternehmensbereiche die für das kommende Jahr in ihrem Umfeld geplanten Maßnahmen budgetiert haben, wird durch Zusammenführung dieser Teilpläne das Unternehmensbudget ersichtlich. Dieses wird Steuerungs- und Kontrollsystem für das Management. In dieser Kontrollfunktion liegt ein weiteres wichtiges Element des Budgets. Es ist die Verbindlichkeit, mit der Budgets festgelegt und mit den Budgetverantwortlichen vereinbart werden. Der Verbindlichkeitsgrad hat für das Budget in der Regel eine sehr hohe Bedeutung, weil in vielen Fällen die Leistungsbeurteilung und darauf aufbauende Vergütungssysteme eng mit der Erfüllung von Budgets verbunden sind. Umso bedeutender werden in diesem Fall die Plan-Ist-Vergleiche.

Plan-Ist-Vergleich

Mithilfe des Budgets wird der Verlauf einer zukünftigen Periode gedanklich vorweggenommen. Um nicht erst am Ende des Planungszeitraumes zu ermitteln, ob die Zielsetzung erfüllt wurde, bietet sich die permanente Überprüfung der Planungsrechnung mit dem tatsächlichen Verlauf an. Dies erfolgt durch Erstellung eines aussagefähigen Plan-Ist-Vergleichs. Da Geschäftsführung oder Vorstand grundsätzlich durch gesetzliche und quasi gesetzliche Bestimmungen verpflichtet sind, permanente Zwischenberichterstattungen vorzulegen, ist eine der Hauptaufgaben der Controllingabteilung, die ja auch für die Budgetierung verantwortlich zeichnet, die Erstellung der monatlichen Plan-Ist-Vergleiche. Der Controller Verein hat auf seiner Homepage schon vor Jahren darauf hingewiesen, dass mindestens 70 Prozent der gesamten Arbeitszeit von Controllern der Erstellung von Berichten gewidmet ist. Im Sinne der gesetzlichen Änderungen (KonTraG), aber auch aufgrund der Anforderungen von Kapitalgebern wie Banken (Basel II) oder Venture Capital Fonds, hat sich der Fokus im Controlling auf die jährliche Gesamtplanung und die monatlichen Planhochrechnungen (so genannter Forecast) gelegt. Funktionierendes Controlling ist vor allem Zukunftsschau und nur in verschwindendem Maße eine Abrechnungstechnik für die Vergangenheit. Die Fragestellung lautet nunmehr: Wo führt das hin? Welche Zahlen werden wir erreichen? Was ist zu entscheiden, damit wir auf Zielkurs bleiben? Demgegenüber verlieren klassische Kontrollfragen (Wer oder was ist schuld?) an Bedeutung. Ursachenforschung ist notwendig, wenn es um Lerneffekte geht (Was sollen wir in Zukunft vermeiden?). In einer sich rasch verändernden Umwelt verliert Ursachenforschung aber zunehmend an früherer Bedeutung. Wie geht man beim Berichtswesen effizient vor?

Soll-Ist-Vergleiche sollten monatlich durchgeführt werden, um möglichst zeitnah Mängel zu erkennen und entsprechende unternehmerische Maßnahmen zu ergreifen, um die geplanten Ziele zu erreichen. Sie sind aufgrund der meist großen Datenmengen technisch aufwändig und durch die notwendigen Abstimmungsarbeiten mit Stress verbunden. Das vor allem, weil die meisten Controller zur Erstellung der Berichte ineffiziente Software-Unterstützung nutzen (vgl. Kapitel 7 »Budgetierungssoftware«). Außerdem fehlt häufig eine Abstimmung mit dem Management darüber, welche Informationen für die einzelnen Berichtsempfänger notwendig sind (vgl. Kapitel 4 »Budgetempfänger und ihre Erwartungen«). Die meisten Standard-Controlling-Softwaresysteme legen ihren Schwerpunkt vollständig auf die Analyse der Istdaten. Die Aufgabe, die es nun zu lösen gilt, ist die Gegenüberstellung der Istdaten mit den Plandaten. In den meisten Fällen erfolgt die Übernahme der Istdaten in den Bericht manuell. Das heißt, man bekommt aus der Finanzbuchhaltung und/oder der Kostenrechnung die relevanten Daten als Liste zur Verfügung gestellt und tippt die Zahlen in ein vorgefertigtes Excel-Tabellenblatt, in dem die Plandaten stehen. Durch Formeln werden die Werte in Beziehung gesetzt und die Abweichungen berechnet. Durch diese Programmierung werden die einzelnen Seiten des Berichtes starr miteinander verknüpft. Kommen neue Unternehmensbereiche oder aber auch nur neue Inhalte zum Bericht hinzu, müssen diese aufwändig erstellten Formeln und Verknüpfungen neu adaptiert werden. Häufig kommt es dabei zu Fehlern, die entweder nicht auffallen oder aber nachvollzogen werden müssen. Da die Berichte des Unternehmens nicht nur über eine Innenwirkung verfügen, sondern auch nach außen gehen, können fehlerhafte Berichte nicht nur das Unternehmen gefährden, sondern auch für das Management weit reichende Konsequenzen in Haftungsfragen haben. Ich rate daher aufgrund immenser Zeitersparnis und wegen der Qualität der zu berichteten Daten dazu, die Software, die man zur Erstellung des Budgets verwendet, auch für die Plan-Ist-Vergleiche zur Verfügung zu stellen.

Forecast

Im laufenden Jahr verändern sich die Rahmenbedingungen gegenüber denen, die bei Erstellen des Budgets vorgefunden wurden. Mit fortlaufendem Jahr erhält man neue Informationen darüber, wie sich die folgenden Monate entwickeln werden. Um nun eine möglichst sichere Prognose darüber abgeben zu können, ob man die angestrebten Jahresziele erreichen wird, mischt man die erreichten Istzahlen mit den verbleibenden Budgetzahlen. Dadurch entsteht automatisch eine Hochrechnung auf das Jahresende. Damit soll sichergestellt werden, dass man bereits während des laufenden Jahres eine Auskunft darüber geben kann, wie das Ergebnis zum 31. Dezember aussehen wird. Je weiter das Jahr fortgeschritten ist, umso genauer wird diese Prognose. Während man beispielsweise Ende April lediglich die Istdaten der ersten vier Monate zur Verfügung hat und für die restlichen acht Monate noch mit den budgetierten Planzahlen arbeitet, kann man Ende Oktober bereits auf die Istdaten von zehn Monaten zurückgreifen und mit großer Sicherheit das Jahresergebnis voraussagen. Damit kann man bereits im laufenden Jahr Antworten auf folgende Fragen liefern:

Ist das Erreichen des Jahreszieles noch realistisch? Ist die Ertragskraft ausreichend, um zukünftige Verpflichtungen aus Darlehen und Investitionserfordernissen zu erfüllen? In welcher Größenordnung ergibt sich ein zusätzlicher Finanzmittelbedarf? Ist das Unternehmen in seinem Bestand gefährdet? Durch die modernen Ansätze des Better Budgeting und des Beyond Budgeting rückt der Forecast – dort bezeichnet als rollierender Forecast – in den Mittelpunkt der Arbeit der Controllingabteilungen. In unserer kurzlebigen Zeit soll die laufende Vorschau auf das wahrscheinliche Ergebnis einer Periode die einmalige Planung am Ende/Anfang eines Jahres ersetzen.

Businessplan

Der Businessplan ist eine spezielle Methode der Unternehmensdarstellung und wird lediglich zu speziellen Anlässen erstellt: Entweder bei der Gründung eines Unternehmens, bei der Suche nach Investoren, bei einer Unternehmensbewertung im Zuge eines Verkaufs oder aber beim Börsengang. Ich werde später noch einmal auf den Businessplan eingehen, wenn es in Kapitel 4 um den Geschäftsbericht gehen wird, der dem Businessplan sehr ähnlich ist.

Businesspläne unterscheiden sich von den herkömmlichen Budgetberichten vor allem dadurch, dass neben dem üblichen quantitativen Teil (Gewinn- und Verlustrechnung, Bilanz, Liquiditätsverlauf) auch ein qualitativer Teil beigefügt ist. In diesem findet man Angaben zum Management (Befähigungen, Erfahrungen), zum Markt (Konkurrenz, regionaler Zielmarkt, relevante Zielgruppen, Marktpotenzial) und zu Alleinstellungsmerkmalen des angebotenen Produkts beziehungsweise zur angebotenen Dienstleistung. Der Businessplan bildet den Zeitraum der nächsten fünf bis sieben Jahre ab. Er ist eher ein Instrument des Marketings als ein Führungswerkzeug, wird aber zum Beispiel im Bereich des Beyond-Budgeting-Konzepts als Managementinstrument in den Fokus gerückt. Der Businessplan dokumentiert in systematischer Art und Weise eine unternehmerische Vision und den Weg, der zu gehen ist. Er ist Grundlage für das Aufdecken von Chancen und Risiken und häufig auch Diskussionsgrundlage und Instrument der internen und externen Kommunikation. Das beschreibt auch seine Adressaten – zum einen potenzielle Geldgeber und zum anderen Unternehmer und Manager selbst, die sich mithilfe des Businessplans Chancen und Risiken vergegenwärtigen und Handlungsstrategien erarbeiten können. Zusätzlich bietet er intern die Möglichkeit, sich regelmäßiger Erfolgskontrollen zu unterziehen. Daher sollten Businesspläne eine umfassende Einschätzung der Stärken und Schwächen, aber auch der Chancen und Risiken einer Geschäftstätigkeit ermöglichen und gleichzeitig übersichtlich bleiben. Daraus ergeben sich Anforderungen an Form und Inhalt.

Was den Inhalt betrifft, so sollte ein Businessplan folgende Punkte beschreiben:

- *Management:* Gibt es erfahrene Führungskräfte, die bereits unter Beweis gestellt haben, dass sie Menschen führen können? Waren

die Mitglieder des Management-Teams in ihren bisherigen Arbeitsgebieten erfolgreich?
- *Kundennutzen*: Bieten die Geschäftsidee oder das Produkt einen eindeutigen und einmaligen Kundennutzen?
- *Marktpotenzial:* Ist eine expansive Marktentwicklung möglich? Ist diese Marktentwicklung attraktiv?

Bezüglich der Form des Businessplans kann man die folgenden Punkte hervorheben:

- *Klarheit:* Leser des Businessplans müssen von der Idee in den Bann gezogen werden. Daher muss er klar und logisch strukturiert sein.
- *Konzentration auf das Wesentliche*: Je einfacher komplexe Zusammenhänge dargestellt werden können, umso leichter ist es für branchenfremde Menschen, die Idee nachzuvollziehen.
- *Sachlichkeit:* Überschwängliche Visionen sind notwendig, begeistern aber externe wenig, wenn es keine sachlichen Argumente gibt.
- *Leserfreundlichkeit:* Grafiken oder ein Inhaltsverzeichnis helfen dabei zu erkennen, wie der Businessplan strukturiert ist und wo man die jeweiligen Informationen finden kann.

Am Anfang eines Businessplans steht die Executive Summary. Vergessen Sie nicht, dass der Adressat Ihrer Idee pro Tag dutzende ähnliche Beschreibungen von Geschäftsideen erhält. Beginnen Sie daher mit einer Zusammenfassung des gesamten Plans und geben Sie kurz und prägnant Antwort auf die wichtigsten Fragen des Lesers. Die Executive Summary sollte folgende Elemente beinhalten:

- Kompetenz und Struktur des Management-Teams,
- Produkt- oder Dienstleistungsbeschreibung,
- Nutzen und Wettbewerbsvorteil des Produkts oder der Dienstleistung,
- fokussierter Markt mit seinen Merkmalen und Marktpotenzial,
- Investitionsbedarf,
- Realisierungsfahrplan mit einzelnen Meilensteinen sowie
- Chancen und Risiken.

Verfasst wird die Executive Summary in der Regel ganz am Ende, sobald die gesamte Geschäftsidee inhaltlich festgelegt ist. Sie sollte in maximal fünf Minuten gelesen und verstanden werden.

Wichtig ist nach der Executive Summary vor allem die Beschreibung des Management-Teams. Die Unternehmensführer sind die Garanten für ein aussichtsreiches Unternehmen. Angeführt werden sollten das Alter, die Ausbildung und unternehmensspezifische Fertigkeiten der handelnden Personen in Bezug auf das gemeinsame Projekt. Erfahrung und praktische Erfolge zählen dabei mehr als akademische Grade. Neben dem Management können auch Berater benannt werden, die die Entwicklung eines Produktes oder auch bei Gründung des Unternehmens selbst unterstützt haben.

Danach sollte im Businessplan auf das Produkt selbst eingegangen werden. Dabei ist vor allem der Kundennutzen hervorzuheben. Dieser kann in der Einsparung von Zeit, in der Verringerung von Kosten, in der Verbesserung einer Qualität oder aber schlicht in der Einzigartigkeit des Angebotes selbst liegen. Dadurch wird die USP – die Unique Selling Proposition – beschrieben. Diese besteht aus zwei Elementen. Einerseits muss sich die Geschäftsidee für die Zielgruppe in einem Angebot (Selling Proposition) äußern, das Sinn macht, und andererseits muss das Angebot einzigartig (unique) sein. Diese Einzigartigkeit wird unter Umständen durch Patente, Marken oder andere Schutzmaßnahmen abgesichert. Auch diese sollten im Businessplan angeführt werden.

Nach den internen Bereichen wendet sich der Businessplan der Darstellung des Marktes zu. Wie groß ist Ihrer Ansicht nach der Gesamtmarkt, beziehungsweise welches Marktsegment wollen Sie als erstes bearbeiten? Darüber hinaus sollten Sie analysieren, welches die größten Wettbewerber sind oder welche Substitutionsangebote es zu Ihrem Produkt gibt. Versuchen Sie also, die Marktgröße durch die Anzahl der potenziellen Kunden, die Aufnahmefähigkeit des Marktes in Bezug auf die Absatzmenge und den Gesamtumsatz zu beurteilen. Setzen Sie sich mit dem Marktwachstum auseinander und segmentieren Sie den Gesamtmarkt in homogene Teilgruppen, um absatzpolitische Maßnahmen effizient einsetzen zu können. Mögliche Kriterien sind dabei geografische, demografische aber auch einfach das Verhalten oder der Lifestyle.

Bei der Beurteilung der Konkurrenz sollten Sie Ihr Unternehmen in Relation zu den Wettbewerbern stellen. Dabei hat sich die so genannte

SWOT (Strength and Weeknesses; Opportunities and Threats)-Analyse bewährt. Dabei stellen Sie eine Matrix über die Stärken und Schwächen Ihres Angebotes im Verhältnis zur Konkurrenz dar und auch die Chancen und Risiken, die sich zeigen.

Kernstück jedes Unternehmens ist der Vertrieb und das unterstützende Marketing. Daher sollte das Konzept des Marketingmix ausführlich im Businessplan beschrieben werden. Dieser Marketingmix besteht aus den vier P – Produkt, Preis, Placement (Distribution) und Promotion (Werbung und PR). Beim Produkt stellt sich die Frage, warum ein Kunde gerade Ihr Produkt kaufen soll, beziehungsweise wie ein Produkt beschaffen sein muss, um die speziellen Bedürfnisse der relevanten Zielgruppe abzudecken. Daraus wiederum könnte sich, ausgehend vom Grundprodukt, in weiterer Folge ein ganzes Sortiment ergeben.

Der »richtige« Preis ist mithilfe unterschiedlicher Herangehensweisen zu ermitteln. Man kann sich am Wettbewerber orientieren und die Preise vergleichsweise höher oder niedriger ansetzen. Oder aber man orientiert sich an der Kundennachfrage und ermittelt den Preis abhängig von der Anzahl der Kunden. In der Industrie schließlich könnte man den Preis in Relation zu den Produktionskosten plus Gewinnaufschlag ermitteln.

Schließlich soll das Angebot zum Kunden gelangen. Physisch durch Distribution und Vertrieb und abstrakt durch Werbung und andere Formen der Kommunikation. Wie soll das Produkt vertrieben werden? Durch Eigenvertrieb über Filialen und Verkäufer oder durch Partner, die bereits bestehende Vertriebsnetze zur Verfügung stellen können? Je konkreter Sie diese Frage beantworten können und je weiter Sie bei dieser Fragestellung bereits sind, umso eher werden die Adressaten des Businessplans dem Projekt positiv gegenüberstehen.

Der Realisierungsfahrplan gibt schließlich klare Meilensteine vor und macht den Businessplan messbar. Antworten auf folgende Fragen werden gegeben:

*W*er macht *w*as mit *w*elchen Mitteln bis *w*ann und *w*ie wird das Ergebnis kontrolliert? Dazu dienen vor allem die finanzorientierten Budgets, mittelfristigen Pläne und Strategien. Businesspläne leben neben den qualitativen Teilen vor allem von Gewinn- und Verlustrechnung sowie dem integrierten Finanzplan und der integrierten Bilanz. Diese Planungselemente sollen dabei auf die einzelnen Unternehmensbereiche heruntergebrochen werden. Wie Sie sehen, schließt sich hier der Kreis zur Budgetierung und zu den integrierten Budgets, die später beschrieben werden.

Nachdem die notwendigen Begrifflichkeiten beschrieben sind, möchte ich mich mit Ihnen gemeinsam dem Planungsprozess widmen.

3
Rechtliche und öffentliche Verordnungen bezüglich Planung und Budgetierung

Es ist weder gesetzlich noch in anderen Vorschriften verbindlich festgelegt, auf welche Art und Weise Unternehmen zu budgetieren haben. Es gibt keinen Standard, was die Methode betrifft. Vorab sollen stellvertretend für andere Bestimmungen und Regularien das KonTraG (Gesetz zur Kontrolle und Transparenz im Unternehmensbereich) und der Basel II-Akkord für Banken näher beschrieben werden. Zusätzlich möchte ich auf den derzeit aktuellen und viel diskutierten Sarbanes-Oxley Act eingehen. Dies um aufzuzeigen, dass die Anforderungen an eine ernsthafte Budgetierung nicht nur ein deutsches oder europäisches, sondern vielmehr ein internationales Thema sind. Die meisten internationalen Bemühungen im Bereich der Wirtschaft zielen darauf ab, mehr Stabilität, höhere Transparenz und mehr zukunftsorientiertes Management in den Unternehmen zu etablieren. Dies zeigt auf, wie bedeutend Budgetierung in den letzten Jahren geworden ist und wie bedeutend das Thema weiterhin sein wird.

Gesetz zur Kontrolle und Transparenz im Unternehmensbereich (KonTraG)

Das KonTraG ist ein umfangreiches Artikelgesetz, das der Deutsche Bundestag am 5. März 1998 verabschiedet hat. Als Ziele des KonTraG werden genannt: Verbesserung der Arbeit des Aufsichtsrates, Erhöhung der Transparenz, Stärkung der Kontrolle durch die Hauptversammlung, Abbau von Stimmrechtsdifferenzierungen, Zulassung moderner Finanzierungs- und Vergütungsinstrumente, Verbesserung der Qualität der Abschlussprüfung und der Zusammenarbeit von Abschlussprüfer und Aufsichtsrat sowie die kritische Prüfung des Beteiligungsbesitzes von Kreditinstituten. Dies alles letztendlich um die Corporate Governance in

Das 1x1 des Budgetierens. Peter Stark

ISBN: 3-527-50133-9

deutschen Unternehmen zu verbessern. Es trat am 1. Mai 1998 in Kraft (wenn auch einige Vorschriften erst später angewandt werden mussten beziehungsweise durften). Zur Verbesserung der Corporate Governance wurden mit diesem Artikelgesetz etliche Vorschriften aus dem Handels- und Gesellschaftsrecht verändert. Das KonTraG präzisiert und erweitert dabei hauptsächlich Vorschriften des HGB (Handelsgesetzbuch) und des AktG (Aktiengesetz).

Mit dem KonTraG wurde die Haftung von Vorstand, Aufsichtsrat und Wirtschaftsprüfer in Unternehmen erweitert. Kern des KonTraG ist eine Vorschrift, die Unternehmensleitungen dazu zwingt, ein unternehmensweites Früherkennungssystem für Risiken (Risikomanagementsystem) einzuführen und zu betreiben sowie Aussagen zu Risiken und Risikostruktur des Unternehmens im Lagebericht des Jahresabschlusses der Gesellschaft zu veröffentlichen. Ausschlaggebend für die modifizierte Gesetzgebung waren zum einen die zahlreichen Unternehmenskrisen in den vergangenen Jahren, zum anderen aber auch die zunehmende Internationalisierung der Kapitalmärkte und eine steigende Globalisierung der Aktionärsstrukturen. Unter dem Druck des internationalen Vergleichs wurden für Deutschland erweiterte Auskunftspflichten und stärkere Kontrollmöglichkeiten für Kapitalgesellschaften gefordert. Der Ruf nach einer neuen Leitungs- und Überwachungsstruktur, die von den Kapitalgebern als verlässlich angesehen wird, wurde zunehmend lauter. Ziel der neuen Gesetzgebung war es daher, hierfür eine neue rechtliche Grundlage zu schaffen und insofern die Interessen der Eigen- und der Fremdkapitalgeber gleichermaßen zu berücksichtigen.

Wörtlich nennt das Gesetz dazu in § 91 Abs. 2 des AktG eine neue Vorschrift, nach der der Vorstand verpflichtet ist, »geeignete Maßnahmen zu treffen, insbesondere ein Überwachungssystem einzurichten, damit den Fortbestand der Gesellschaft gefährdende Entwicklungen früh erkannt werden«.

Abschlussprüfer werden außerdem verpflichtet, die Einhaltung der neuen Vorschriften insbesondere in Hinsicht auf Bestehen und Betrieb eines Risikomanagementsystems und der zugehörigen Maßnahmen im Bereich der internen Revision zu prüfen und zum Bestandteil des Prüfungsberichtes zu machen.

Das KonTraG betrifft – entgegen weit verbreiteter Meinung – nicht ausschließlich Aktiengesellschaften. Auch die KGaA (Kommanditgesellschaft auf Aktien) und viele GmbHs (insbesondere wenn dort ein mitbestimmter oder fakultativer Aufsichtsrat existiert) sind von den Vorschriften betroffen (Ausstrahlungswirkung).

Im Zuge des Ratings (auch in Sachen Risikomanagementsystem), zu dem die Banken durch Basel II gezwungen sind, werden Einrichtung und Betrieb eines unternehmensweiten Risikomanagementsystems auch von den Banken kritisch hinterfragt und geprüft, dazu aber später.

Bei Unternehmen, die viel auf Basis von Projekten arbeiten (Bauunternehmen, große Architekturbüros, IT-Systemhäuser etc.), gehört Risikomanagement somit auch zu den Aufgaben der Projektleitung.

Was bedeutet es für das Unternehmen, ein Überwachungssystem zur Risikofrüherkennung einzurichten? Der Gesetzgeber hat durch das KonTraG in § 91 Abs. 2 AktG einen Passus aufgenommen, der den Vorstand von Aktiengesellschaften dazu verpflichtet, ein geeignetes Überwachungssystem einzuführen, um Entwicklungen zu erkennen, die das Untenehmen gefährden könnten. Laut Begründung aus dem Regierungsentwurf handelt es sich hierbei um eine gesetzliche Hervorhebung der allgemeinen Leitungsaufgaben des Vorstands, zu der auch die Organisation des Unternehmens gehört. Obwohl diese gesetzliche Neuerung lediglich im Aktiengesetz verankert wurde, ist von einer Ausstrahlung auf andere Gesellschaftsformen auszugehen. In der Regierungsbegründung befinden sich hierzu folgende Ausführungen: »In das GmbHG soll keine entsprechende Regelung aufgenommen werden. Es ist davon auszugehen, dass für Gesellschaften mit beschränkter Haftung je nach ihrer Größe, Komplexität ihrer Struktur usw. nichts anderes gilt und die Neuregelung Ausstrahlungswirkung auf den Pflichtenrahmen der Geschäftsführer auch anderer Gesellschaftsformen hat.« Die Zielsetzung und Ausgestaltung eines solchen Überwachungs- oder auch Risikomanagementsystems (RMS) ist zum einen sicherlich die allgemeine Sicherung des Fortbestands eines Unternehmens. Darüber hinaus sollte an dieser Stelle aber auch bedacht werden, dass ein Unternehmen nur dann wirklich erfolgreich sein kann, wenn die Geschäftsleitung die Chancen des Unternehmens optimal erkennt und nutzt und zugleich auch die strategischen und operativen Schwachstellen und Risiken am besten kontrolliert und bewältigt. Ein RMS ist insofern eine operative Notwendigkeit jeder Geschäftsleitung. Es dient letztendlich dem Ziel der Vermögenssicherung und Ergebnismaximierung und kann daher zu einem wesentlichen Erfolgsfaktor des Unternehmens ausgebaut werden. Mit dem KonTraG wird folglich nur die Etablierung eines betriebswirtschaftlich sinnvollen Instrumentariums zur Unternehmenssteuerung gesetzlich reglementiert.

Der Gesetzgeber hat darauf verzichtet, konkrete Inhalte oder Mindestanforderungen zur Ausgestaltung eines RMS vorzugeben. Hier sind ausschließlich betriebswirtschaftliche Aspekte und das Gebot der Zweckmäßigkeit maßgebend. Größe und Art des Unternehmens, die Tätigkeitsfelder und Branchen, Aufbau- und Ablauforganisation oder auch das vorhandene Vermögen bestimmen jeweils individuell die Ausgestaltung. Aufgabe eines RMS ist die Erkennung aller, das heißt auch latenter Risiken. Diese unternehmerischen Risiken können durch ein RMS nicht vermieden werden, sie sollten allerdings rechtzeitig erkannt, begleitend überwacht und spätestens zu dem Zeitpunkt, zu dem sie für die wirtschaftliche Lage des Unternehmens aktuell sind, abgewehrt oder zumindest gemildert werden. Eine Analyse der stark vergangenheitsbezogenen und oft zu allgemeinen Daten aus dem Rechnungswesen ist nicht geeignet, um die stetig dynamischer werdenden Unternehmensprozesse zu steuern. Damit ein zu installierendes RMS seine Aufgaben erfüllen kann, sind verschiedene Voraussetzungen zu schaffen. Zunächst einmal sollte sich die Geschäftsleitung über die eigentlichen operativen Erfolgsfaktoren des Unternehmens im Klaren sein, bevor sie sich den Risiken zuwendet.

Ganz plakativ kann diese Anforderung auf eine einzige Frage reduziert werden: Mit welchen Produkten/Produktgruppen, mit welchen Kunden/Kundengruppen, in welchen regionalen Märkten und über welche Vertriebswege erzielt das Unternehmen gestern, heute und morgen welche Ergebnisse, und welche Ursachen hat diese Entwicklung?

Die äußerst wichtige Beantwortung dieser Frage und die Konkretisierung durch plausibles Zahlenmaterial dürfte die Mehrzahl der Geschäftsleitungen unserer stark mittelständisch geprägten Unternehmensstrukturen heute jedoch noch vor ernsthafte Schwierigkeiten stellen.

KonTraG bietet einen guten Ansatz für einen längst überfälligen Umdenkungsprozess in der deutschen Wirtschaft. Viele Mittelständler halten von solchen für sie theoretischen Ansätzen oder auch einfach nur vom Controlling sehr wenig; mit der Folge, dass sie zu wenig über ihr Unternehmen wissen, was dann wiederum meistens erst in der akuten Krisensituation – wenn überhaupt – erkannt wird. Jetzt sollen Risiken aber permanent und detailliert analysiert werden. Bevor sich ein Unternehmer den sehr zahlreichen und größtenteils sehr akademisch anmutenden Ansätzen von Risikomanagementsystemen zuwendet, sollte er sich also zunächst etwas intensiver mit dem eigenen Unternehmen beschäftigen: Womit verdiene ich mein Geld und womit verliere ich eventuell sogar Geld und warum ist das so? Wenn diese Fragen geklärt sind, ist es ebenfalls wichtig – allerdings in dieser zeitlichen Reihenfolge auch leichter – sich über mögliche Störfaktoren oder auch Risiken Gedanken zu machen.

In den Unternehmen lauern je nach Komplexitätsgrad und Struktur des operativen Geschäfts sowie der Unternehmensgröße Risiken unterschiedlichster Natur wie zum Beispiel Betrugsrisiken, Beschaffungsrisiken, Lagerrisiken, Produktionsrisiken, Absatzrisiken, Gewährleistungsrisiken, Währungsrisiken, Länderrisiken, EDV-Risiken, Umweltrisiken etc. Aus diesen Risiken gilt es zunächst jene zu identifizieren, die den Fortbestand des Unternehmens unter gewissen Umständen gefährden können. Welche Risiken also genau zu überwachen sind, ist für jedes Unternehmen individuell zu bestimmen. In einem zweiten Schritt müssen für jeden dieser zuvor festgelegten Beobachtungsbereiche Frühwarnindikatoren (Kennzahlen oder Kennzahlensysteme) festgelegt werden. Um eine kritische Entwicklung durch diese Frühwarnindikatoren erkennen zu können, müssen darüber hinaus Sollwerte und Toleranzgrenzen bestimmt werden. Des Weiteren müssen Regelungen bezüglich der Verantwortlichkeiten für die Erstellung, Weiterleitung und Dokumentation der Informationen gefunden werden. Diese Elemente stellen bereits das Grundgerüst eines RMS dar.

In der Praxis stellt sich sicherlich die Frage, inwieweit die Einrichtung eines derartigen RMS in wirklich allen Unternehmen stattfinden wird. Wenngleich RMS dieser oder anderer Art durchaus in einigen Unternehmen bereits Einzug gehalten haben, ist doch davon auszugehen, dass besonders bei mittleren und kleinen Kapitalgesellschaften die Geschäftsleitung nicht fähig oder willens ist, ein den Anforderungen entsprechendes RMS zu installieren. Gerade diese Gesellschaften brauchen sehr einfache und pragmatische Ansätze. Diese sollten je nach Vorkenntnissen über das Unternehmen gegebenenfalls auch unter Hinzuziehung von Beratern erarbeitet werden, um den gesetzlichen Bestimmungen und den betrieblichen Erfordernissen Genüge zu tun. Für den Bereich der Kreditwürdigkeitsprüfung beziehungsweise Kreditüberwachung ergibt sich durch das KonTraG die Möglichkeit, mit Verweis auf die gesetzlichen Bestimmungen die zusätzlichen Informationen einzufordern.

Eng verbunden mit den Auswirkungen des KonTraG ist für Unternehmen die Bestimmung der Basel II-Richtlinie für Banken. Diese wird im Kommenden noch näher beleuchtet.

Basel II

Die Zentralbanken der führenden Industrieländer haben bereits in einer ersten Vereinbarung 1998, dem so genannten Basel I-Akkord, Richtlinien für die Kreditvergabe, unter anderem an mittelständische Unternehmen, festgelegt. Dieser Akkord besagt, dass vergebene Kredite mit 8 Prozent Eigenkapital hinterlegt werden müssen. Rechnet man bankeneigene Agios für Verwaltung etc. dazu, kommt man zu dem Zinssatz, zu dem man bisher Geld leihen konnte. Was dabei nicht berücksichtigt wird, sind unternehmensspezifische Ausfallwahrscheinlichkeiten. Da es in den letzten Jahren zu hohen Ausfällen im Kreditgeschäft gekommen ist, sind nicht nur die Unternehmen, sondern vor allem die Banken in ein schlechtes Licht gerückt worden. Die Frage nach dem Risikomanagement der Abteilungen und der Mitarbeiter wurde laut. Es ist verständlich, wenn man bedenkt, dass Banken – wie jeder Investor – nicht nur Geld verleihen, sondern auch am Erfolg des jeweiligen Unternehmens partizipieren sollen. Im Interesse der Bank sollte es nicht nur liegen, Geld zu geben, sondern es nach Möglichkeit auch wieder mit entsprechenden Zinsen zurückzubekommen. Durch das Ansteigen der Unternehmensinsolvenzen kamen Finanzmärkte ins Schwanken, was schließlich dazu führte, dass der Ruf nach Stabilität laut wurde. Daher trafen sich die Zentralbanken, um eine neue Vereinbarung – Basel II – zugeschnitten auf die neuen Anforderungen einzugehen. Diese Richtlinie soll 2006 in Kraft treten. Wichtig ist es dabei zu wissen, dass diese Vereinbarung vor allem die Banken betrifft. Sie werden durch die Richtlinien gezwungen, bei der Auswahl ihrer Engagements gründlicher vorzugehen und das Management der Unternehmen bei der Steuerung durch adäquate Führungsinstrumente zu unterstützen. Die erste Unterstützung liegt dabei in der Forderung nach mehr Information bezüglich der Istsituation, aber auch bezüglich der zukünftigen Situation. Es wird mehr Planung und mehr Forecasting gefordert. Der Baseler Eigenkapitalakkord besteht aus drei Bereichen, die ineinander greifen. Das sind: Mindestkapitalanforderungen, aufsichtliches Überprüfungsverfahren und eine erweiterte Offenlegung.

Die Mindestkapitalanforderungen, die im Basel I-Akkord mit 8 Prozent festgelegt wurden, werden dabei erweitert. Banken müssen verliehenes Geld mit mindestens 8 Prozent decken. Zusätzlich muss aber neben dem Markt- und dem Kreditrisiko das operationelle Risiko mit Kapital unterlegt werden. Dieses operationelle Risiko ist unternehmensspezifisch und muss detailliert erhoben werden. Die Bankenaufsicht bindet so die Eigenkapitalanforderungen nicht nur an die Marktentwicklung, sondern bezieht auch den Stand des Risikomanagements in unterschiedlichen Banken mit ein. Der Druck auf die Banken, mehr Information von den Unternehmen zu erhalten, denen Kredite gegeben werden, erhöht sich. Diesen Druck geben die Banken naturgemäß an die Unternehmen selbst weiter und machen Kredite umso teurer, je weniger Informationen das Management bereitstellt. Dieser Punkt führt automatisch zur zweiten Säule, dem aufsichtlichen Überprüfungsverfahren. Hier wird von den Banken gefordert, ihr Verfahren zur Überprüfung der unternehmensspezifischen Risikosituation zu verbessern. Die Bankenaufsicht wird in die Lage versetzt, die Beurteilung der einzelnen Banken in Bezug auf das Risiko bei der Kreditvergabe besser nachzuvollziehen. Es wird die Fähigkeit der Institute bewertet, die eingegangenen Risiken zu identifizieren, zu messen, zu steuern und zu überwachen. Dadurch wird der Dialog zwischen den einzelnen Banken und der Aufsichtsbehörde verbessert. Gleichzeitig erwartet der Baseler Ausschuss, dass durch die erweiterte Offenlegung – die dritte Säule – Geschäftskunden eher jenen Banken vertrauen, die ein wirksames Risikomanagement vorweisen können.

Die Auswirkung von Basel II könnte speziell in Deutschland insofern gravierend sein, als die Vielzahl der mittelständischen Unternehmen über eine unzureichende Eigenkapitalausstattung verfügen. Diese liegt bei über einem Drittel der Unternehmen unter 10 Prozent, und bei weniger als 20 Prozent der Unternehmen ist das Eigenkapital gemessen an der Bilanzsumme über 30 Prozent. Das führt einerseits zu schlechten Bewertungen des Risikos und zu einem restriktiven Verhalten der Banken bei der Vergabe von zusätzlichem Fremdkapital, was wiederum zu einem Anwachsen der Insolvenzen führt. Banken könnten diese Situation zum Vorwand nehmen, um sich aus diesem risikoreichen Bereich zurückzuziehen, was mittelständische Unternehmen dazu veranlasst, andere Finanzierungsmöglichkeiten zu suchen.

Basel II wird oft als »Tod« des Mittelstandes bezeichnet. Doch wenn man die Sache emotionslos betrachtet, bringen sich die mittelständischen Unternehmen durch zu risikoreiches Agieren selbst um. Hätte man selbst ein Risikomanagement eingeführt, eine Planung und andere Steuerungsinstrumente implementiert, hätte man auf negative Entwicklungen frühzeitig einwirken können. Dieses Risiko wurde bisher auf die Banken abgewälzt, indem man sich Überbrückungsgelder geholt hat. In Deutschland liegt die Finanzierungsquote durch Banken bei über 80 Prozent. In den USA liegt sie beispielsweise bei rund 20 Prozent. Unternehmen werden in Zukunft angehalten – egal ob sie sich durch Banken oder andere Institute finanzieren –, eine höhere Datentransparenz zur Verfügung zu stellen. Das bedeutet einen permanenten Informationsfluss und die Professionalisierung der Steuerungsprozesse. Diese betrifft sowohl die Steuerung der quantitativen als auch der qualitativen Unternehmensfaktoren. Im Wesentlichen werden auf der quantitativen Seite fünf Kennzahlen ermittelt. Dazu gehören die Gesamtkapitalrendite, die Kapitalstruktur, der Verschuldungsgrad, die Zinsdeckung und der Cashflow. Diese Zahlen müssen sowohl für die Vergangenheit, für den Plan, aber auch für den Forecast ermittelt werden. Daneben fließen aber auch qualitative Faktoren in die Bewertung des Risikos der Unternehmen ein. Diese betreffen die Organisation (besteht eine Managementstruktur?), die Kompetenz des Managements an sich, die Unternehmenskommunikation (gibt es Vision und Mission Statement?), die Art der Budgetierung (wird diese manuell oder aber mit standardisierter Software erstellt?), die Unternehmensführung anhand von Plan-Ist-Vergleichen, aber auch die Nachfolgeregelung. Daneben wird das gesamte Unternehmensumfeld betrachtet. Wie ist der Zustand der Produktionsstraßen, wie ist die Qualität der Produkte, gibt es saisonale Absatzschwankungen, wie stellt sich die gesamte Branche dar oder aber wie ist der Produktmix. Diese vergleichsweise hohen Anforderungen an das Unternehmensrating betreffen sowohl das Management der Unternehmen als auch die Bankenbetreuer. Einerseits werden viele Informationen von Managern gefordert, die diese unter Umständen nur ungenügend zur Verfügung stellen können. Andererseits müssen die Banken ihre Mitarbeiter zu betriebswirtschaftlichen Spezialisten und Kennern einzelner Branchen entwickeln. Banken werden dadurch immer mehr zu professionellen Investoren, die nicht nur das Ausleihen von Geld im Fokus haben, sondern, gleich einem institutionellen Investor, die Unternehmensentwicklung. Daher müssen die Manager zukünftig folgende Dinge zur Verfügung stellen können: ein regelmäßiges, aussagefähiges und zeitnahes Berichtswesen, Risikomanagement und Aussagen über die Entwicklung der qualitativen Faktoren des Unternehmens. Die Kommunikation zwischen Unternehmen und Bank wird dadurch steigen, und ich bin überzeugt, dass es für alle eine gewinnbringende Zusammenarbeit werden wird.

Da die Bestimmungen des Basel II-Akkords für die meisten Leser dieses Buches eine große Bedeutung haben, möchte ich Ihnen eine Checkliste an die Hand geben, anhand derer Sie sich Gedanken über den Zustand Ihres Unternehmens machen können.

Checkliste zu Basel II

Führungsstruktur

- Ist die fachliche und branchenmäßige Qualifikation des Managements in technischer und auch in kaufmännischer Hinsicht erwiesen?
- Zieht das Management an einem Strang?
- Existiert ein qualifiziertes Organ – wie Beirat oder Aufsichtsrat mit Einflussmöglichkeiten?
- Ist aus der Altersstruktur des Managements eine geregelte Nachfolge erkennbar?
- Ist die Organisationsstruktur des Unternehmens ausgerichtet, sich kurzfristig auf Wettbewerbsveränderungen einzustellen?

Controlling

- Ist im Unternehmen eine Controllingfunktion implementiert (Budgetierung, Plan-Ist-Vergleiche und Forecasts)?
- Verfügt das Unternehmen über eine Mehrjahresplanung?
- Existiert ein Debitorenmanagement inklusive Bonitätsprüfung und Mahnwesen?
- Bestehen ungedeckte Fremdwährungsrisiken?

Unternehmenskonzept

- Unterzieht sich das Unternehmen den Anforderungen des KonTraG?
- Wie ist die Unternehmensstrategie formuliert?
- Existiert eine fortlaufende strategische Planung, in die Änderungen der Branche einfließen?
- Sind die strategischen Ziele (wie Wachstum) im Hinblick auf die aktuelle Unternehmens- und Marktsituation realistisch?

Marktposition

- Wie definiert sich die Marktstellung des Unternehmens im Verhältnis zu seinen Wettbewerbern?
- Wie stellt sich der für das Unternehmen relevante Absatzmarkt dar?
- Ist das Produktportfolio hinsichtlich der Produktlebenszyklen und Variantenvielfalt ausgewogen?
- Bestehen Abhängigkeiten von einzelnen Kunden oder Lieferanten?

Produktion

- In welchem Zustand befinden sich die Produktionsanlagen und Maschinen?
- Bestehen Qualitätssicherungssysteme zur Überwachung der Produktqualität?
- Gehören die erforderlichen Patente und Lizenzen dem Unternehmen?

Liquidität

- Erfolgt eine zeitnahe und fortlaufende Liquiditätsplanung unter Berücksichtigung der Kreditlinie?
- Ist die Liquiditätslage aufgrund ausreichender Guthaben über einen überschaubaren Zeitraum gesichert?
- Können Investitionsentscheidungen aufgrund der Liquiditätslage getroffen werden?
- Kam es in den letzten beiden Jahren zu Bedienungsstörungen bei Fremdverbindlichkeiten?

In den letzten Jahren gab es nicht nur in Europa eine Reihe spektakulärer Unternehmenszusammenbrüche. Erwähnt seien Phillip Holzmann, Babcock-Borsig, Kirch, Polly-Peck, Robert Maxwell, Comroad und MobilCom.

Auch in den USA machten Investoren schlechte Erfahrungen bedingt durch unternehmerisches Versagen, zum Teil ausgelöst durch fragwürdige Buchhaltungsmethoden, schlechtes Management oder mangelnde interne Kontrollen. Diese Firmenpleiten betrafen dort vorwiegend den Energie- und Telekommunikationssektor: Enron, WorldCom, Global Crossing, um einige zu nennen. Die Verbesserung der Corporate Governance zur Wiederherstellung des Vertrauens der Investoren ist nicht eine Sache bloß der USA oder der Europäischen Union, sondern der Finanzmärkte weltweit. Ich möchte daher noch auf eine weitere Verordnung eingehen um aufzuzeigen, wie in den USA mit dem Thema der bisher mangelnden Planung und Zukunftsschau umgegangen wird.

Sarbanes-Oxley Act of 2002 (SOX)

Der Sarbanes-Oxley Act of 2002 (SOX) ist ein US-Gesetz zur Verbesserung der Unternehmensberichterstattung in Folge einiger Bilanzskandale. Benannt wurde es nach seinen Verfassern, dem Senator Paul S. Sarbanes (Demokrat) und dem Abgeordneten Michael Oxley (Republikaner). Ziel des Gesetzes ist es, das Vertrauen der Anleger in die Richtigkeit der veröffentlichten Finanzdaten von Unternehmen wiederherzustellen. Das Gesetz gilt für inländische und ausländische Unternehmen, die an US-Börsen oder dem NASDAQ gelistet sind, sowie für ausländische Tochterunternehmen amerikanischer Gesellschaften.

Im Rahmen der so genannten Section 404 des Sarbanes-Oxley Acts müssen Unternehmensprozesse beschrieben, definiert und Kontrollverfahren festgelegt werden, die das Risiko eines falschen Bilanzausweises minimieren sollen.

Der Sarbanes-Oxley Act wurde Ende Juli 2002 in Kraft gesetzt.

Das über 130 Seiten lange Gesetz betrifft verschiedene Aspekte der Corporate Governance, Compliance und der Berichterstattungspflichten von Publikumsgesellschaften sowie der damit zusammenhängenden Durchsetzung.

Insbesondere legte das Gesetz ein neues aufsichtsrechtliches System für Wirtschaftsprüfungsgesellschaften fest, die Unternehmen prüfen, welche von Gesetzes wegen verpflichtet sind, bei einer öffentlichen Stelle (der Securities and Exchange Commission) Abschlüsse und sonstige Berichte einzureichen.

Ausländische Unternehmen, die an US-Börsen gelistet sind, bekamen einen Aufschub von einem Jahr für die Erfüllung der Section 404 des Sarbanes-Oxley Acts.

Im Folgenden sollen die für unser Thema bedeutenden Inhalte vom SOX betreffend die erweiterten finanziellen Offenlegungspflichten (z.B. über das interne Kontrollsystem) und die Verschärfung der Strafvorschriften für fehlende oder mangelhafte Risikofrühwarnsysteme besprochen werden.

Die im SOX neu definierte Verantwortlichkeit von Management und Board bezieht sich in erster Linie auf den Umgang mit Finanzinformationen. Das Management wird verpflichtet, ein Internes Kontrollsystem zu errichten und sicherzustellen, dass die wichtigsten Informationen über das Unternehmen und seiner jeweiligen Töchter allen Organmitgliedern zur Verfügung stehen.

Die Effizienz des Systems sowie seine Funktionsfähigkeit müssen durch die Unterzeichner gewährleistet sein. Bei eventuell betrügerischen Handlungen durch Angestellte sind die Organmitglieder verpflichtet, dies dem Abschlussprüfer offenzulegen.

Weiter ist das Management verpflichtet, die Finanzlage und das interne Kontrollsystem zu bestätigen. Das bedeutet, dass der CEO (Vorstandsvorsitzende) und der CFO (Finanzvorstand) mit einer Erklärung bestätigen müssen, dass die jährlich beziehungsweise quartalsweise erstellten Berichte keine unwahren Tatsachen beinhalten und somit die Vermögens-, Finanz- und Ertragslage des jeweiligen Unternehmens zutreffend darstellen. Die dadurch verlangte Berichterstattung geht weit über das in Deutschland geforderte Maß hinaus, das die Verantwortlichen lediglich verpflichtet zu bestätigen, dass der Abschluss ausreichende Informationen beinhaltet, die die Finanz-, Vermögens- und Ertragslage des Unternehmens wiedergeben. Das Interne Kontrollsystem setzt des Weiteren voraus, dass CEO und CFO alle »wesentlichen Informationen« kennen müssen, um das System ordnungsgemäß führen zu können. Dies wiederum erhöht das Haftungsrisiko in zivil- wie auch strafrechtlicher Hinsicht, da beide Organmitglieder die Richtigkeit bestätigen müssen.

Nach Pflichtverletzung können CEO und CFO zivilrechtlichen Haftungsansprüchen gegenüberstehen. Durch die Unterzeichnung sehen sich CEO und CFO nun mit der Beweislastumkehr konfrontiert. Sollten sie glaubhaft nachweisen können, keine Kenntnis von den Umständen gehabt zu haben, welche zu einer Fehlinformation geführt haben, so sind sie mit den Verletzungen bezüglich des Internen Kontrollsystems konfrontiert. Sind die Verstöße grob fahrlässig, so kann das Gericht eine Geldstrafe von 1 Million US-Dollar und/oder eine Freiheitsstrafe von bis zu zehn Jahren verhängen. Bei vorsätzlichem Handeln kann das Gericht eine Geldstrafe von 5 Millionen US-Dollar und/oder eine Freiheitsstrafe von bis zu zwanzig Jahren aussprechen.

Dieses Maß liegt weit über dem der deutschen Rechtssprechung. Nach deutschem Recht ist bei einer vorsätzlichen Verletzung des § 242 HGB eine Geldstrafe oder eine Freiheitsstrafe bis zu drei Jahren die Folge (vgl. § 331 HGB, § 401 AktG). Sollte es zudem zu einer Unternehmensinsolvenz kommen, so kann ein deutsches Gericht eine Geldstrafe oder Freiheitsstrafe von bis zu fünf Jahren (vgl. § 283 StGB) und bei besonders schweren Fällen bis zu zehn Jahren (vgl. § 283a StGB) verhängen.

SOX sieht auch eine Rückzahlung von variablen Bezügen und Erlösen aus Aktienverkäufen vor. Eine solche Maßnahme kann gegen den CEO und CFO verhängt werden, wenn die im Jahresabschluss angegebenen »wesentlichen Informationen« korrigiert werden müssen. Diese Rückzahlungsverpflichtung ist im deutschen Recht nicht bekannt.

Die Kritik an der Verordnung ist sehr groß. Im Schnitt braucht es fast anderthalb Jahre Arbeit, bis ein Unternehmen den Anforderungen des Sarbanes-Oxley Act genügt. Etwa die Hälfte aller US-Unternehmen, die eigentlich bis zum 1. Januar 2005 SOX-fähig hätten sein müssen, hat es bis zu diesem Zeitpunkt nicht geschafft, schätzen führende Wirtschaftsprüfer. Eine Maschinerie aus Software-Tools, Beratung und Prüfung hat sich in Gang gesetzt. Der Aufwand für die internen Kontrollen wurde dramatisch unterschätzt.

Doch rechnen Wirtschaftprüfer und Marktforscher damit, dass es bald schon in der EU sowie weltweit ähnliche Gesetze geben wird.

Der Aufwand, der damit auch auf europäische Unternehmen zukommt, ist enorm. Jedes Risiko im Sinne des Finanzreporting muss identifiziert, klassifiziert und bewertet werden. Es sind Fragen zu stellen wie: Welche Art von Schaden kann ein Ausfall einer IT-Komponente herbeiführen – Produktionsausfall, Unerreichbarkeit, Rechnungen können nicht verschickt oder storniert werden? Wie lässt sich der Schadensfall verhindern oder ausgleichen? Welche Wirkungen hat das Unglück? Für jedes Risiko müssen zudem Indikatoren her sowie Messgrößen und Messverfahren. Diese wiederum sind zu dokumentieren und auf ihre Wirksamkeit zu testen. Was die meisten Kritiker ins Feld führen, ist, dass es um Dinge geht, die eigentlich selbstverständlich sein sollten: die Bücher sauber zu führen und Risiken im Griff zu haben. Daher möchte ich abschließend eine Übersicht über den Risikomanagement-Prozess geben.

Risikomanagementsystem

Im Risikomanagement geht es in erster Linie um die Bestandssicherung des Unternehmens. Unternehmen gehen mit der Geschäftstätigkeit automatisch Risiken ein. Allgemein unterscheidet man zwischen

- strategischen Risiken, das sind volkswirtschaftliche – wie Inflation oder Wachstum – und politische Risiken – wie gesetzliche Stabilität,
- geschäftlichen Risiken, das sind strategische (Planung, Produkte, Konkurrenz etc.) und operative (Marketing, Verkauf, Logistik etc.) Risiken sowie
- finanziellen Risiken wie Marktrisiken, Kreditrisiken, Liquiditätsrisiken und operationelle Risiken.

Der Begriff »Risikomanagement« ist jedoch nicht optimal gewählt. Ohne zusätzliche Erläuterung kann er zu Missdeutungen führen. Eigentlich geht es um Risiken und Chancen. Denn Chancen und Risiken sind im unternehmerischen Alltag stets untrennbar miteinander verbunden. Geschäftserfolg zu erzielen heißt Chancen ergreifen. Chancen sind immer mit Risiken verbunden. Ziel ist es, wesentliche Risiken frühzeitig zu erkennen, zu steuern und damit den Bestand des Unternehmens nicht nur sicherzustellen, sondern eine positive Geschäftsentwicklung zu ermöglichen. Das setzt voraus, dass Chancen pro-aktiv und risiko-bewusst aufgegriffen werden. Denn: Was hilft es einem Unternehmen, wenn es bestandsbedrohende Risiken vermeidet, aber dennoch keine Gewinne macht? Langfristig wird es ebenso wenig überleben.

Nimmt man beispielsweise die Vermeidung oder Verminderung bestimmter Risiken in die Zielvereinbarung mit Führungskräften auf, so kann dies zu einer Lähmung des Unternehmens führen. Ein Manager, der seine Gratifikation optimieren will, würde unter diesen Umständen gewisse Geschäfte gar nicht mehr tätigen, weil ihm die damit verbundenen Risiken zu hoch erscheinen. Das sei doch genau das Ziel, werden manche einwenden. Richtig, doch es wäre das Ende jeglichen unternehmerischen Handelns, wenn man stets und immer nur auf die Risiken schaut. Es kommt vielmehr auf die richtige Mischung von Chance und Risiko an.

Ferner gibt es das Problem der Selffulfilling Prophecy. Werden bestimmte Risiken – ohne Berücksichtigung der Chancen – ausführlich dargestellt, so darf man sich nicht wundern, wenn genau dieses Risiko eintritt. Die Führungsmannschaft starrt auf dieses Risiko wie das Kaninchen auf die Schlange. Daher ist es besser, ein Risikomanagementsystem einzuführen und es umfassend auszulegen, wobei man Chancen und Risiken gemeinsam darstellen sollte.

Jede unternehmerische Entscheidung birgt Risken. Damit umzugehen lässt sich als Risikomanagement bezeichnen. Risikomanagement muss daher individuell an die Anforderungen der verschiedenen Wirtschaftsaktivitäten von Unternehmen in den jeweiligen Branchen angepasst werden. Da es kaum möglich ist, sämtlichen zukünftigen Entwicklungen mit Absicherungsmechanismen zu begegnen und viele Ereignisse unerwartet oder nicht kalkulierbar sind, erfordert es ein leistungsfähiges Risikomanagement, das sowohl präventiv ist als auch in der jeweiligen Situation eine angemessene Reaktion ermöglicht.

Risiken müssen vorausschauend abgewogen und mit den optimalen Absicherungsmechanismen kombiniert werden. Zu den Aufgaben des Risikomanagements gehören sowohl die Informationsgewinnung als auch die Schaffung und Nutzung von Handlungsspielräumen, die aus den gesammelten und ausgewerteten Informationen resultieren. Anforderungen an das Risikomanagement sind die langfristige Sicherung der Unternehmensziele und Geschäfte und die Senkung der Risikokosten.

Es gibt zwei Möglichkeiten, mit Risiken umzugehen. Man kann Risiken soweit wie möglich begrenzen oder ihnen aktiv begegnen.

Risikobegrenzung

Durch vorausschauendes Agieren können Risiken begrenzt und minimiert werden. Grundlage hierfür ist, mögliche zukünftige Risiken zu identifizieren und zu bewerten. Um die maximalen Schadensauswirkungen zu ermitteln sind im Vorfeld Analysen erforderlich. Auf deren Grundlage werden anschließend Vorschläge zur Risikominimierung entwickelt und präventive Maßnahmen eingeleitet. Zentrales Entscheidungskriterium ist: Wie viel Risiko kann und will ein Unternehmen selbst tragen und welche Risiken sollen auf Dritte abgewälzt werden? Um dies zu beantworten, sollte das Kosten-Nutzen-Verhältnis der Risikoabwälzung auf Dritte geprüft werden. Risiken, bei denen nur Bagatellschäden zu erwarten sind, werden sicher selbst getragen. Hingegen sollten Risikoereignisse, deren Eintreten das Unternehmen finanziell überfordern würde, durch Dienstleistungen Dritter begrenzt werden.

Risikobegegnung

Wenn ein Risiko bereits besteht oder nicht mehr abwendbar ist, dann kann von Risikobegegnung gesprochen werden. Die Reaktion auf eine Schadensgefahr hängt von der Höhe des möglichen Schadens ab und welcher Aufwand erforderlich ist, um dem möglichen Höchstschaden zu begegnen. Unternehmen mit flexiblen Entscheidungsstrukturen haben eine günstige Ausgangslage, schnell auf veränderte Situationen zu reagieren.

Es gibt Situationen, bei denen ein erhöhtes Risiko auch bewusst in Kauf genommen wird, da einer erhöhten Risikobereitschaft oft auch hohe Gewinnchancen gegenüberstehen.

Der Prozess des Risikomanagements selbst umfasst folgende drei Schritte: Risikoanalyse, Risikoplanung und -steuerung sowie die Risikoüberwachung.

Die Risikoanalyse stellt den ersten Prozessschritt dar. Dabei wird festgestellt, welche Risiken vorhanden sind, wie stark diese ausgeprägt sind, in welchem Zusammenhang sie stehen, ihre Eintrittswahrscheinlichkeit sowie die Höhe des potenziellen Schadens.

Zielsetzung der Risikoplanung und -steuerung ist, die analysierten Risiken zu minimieren. Die Maßnahmen reichen von Vermeidung des Risikos (soweit dies möglich ist) bis zur Abwälzung des Risikos auf Dritte.

Eine zentrale Aufgabe der Risikoüberwachung besteht darin, ein präzises und funktionsfähiges Informationssystem und Berichtswesen zu konzipieren und zu betreiben. Dieses Informationssystem ist die Grundlage zur Überwachung und soll Einsicht in den Ablauf der Prozesse geben. Die Informationen werden aus den einzelnen Bereichen an einer Stelle gebündelt ausgewertet und beurteilt. Schnelle Informationsweitergabe und kurze Informationswege sind erforderlich, um rechtzeitiges Eingreifen zu ermöglichen. Der aktuelle Stand muss jederzeit abrufbar sein und auch kontrolliert werden können.

Die Dokumentation oder auch Reporting verbindet die drei Prozessschritte der Risikoanalyse, Risikoplanung und -steuerung und der Risikoüberwachung miteinander, da dort alle drei Prozessschritte und ihre Abläufe dokumentiert werden.

Frühwarnsysteme, die meist auf aussagefähigen Kennzahlen beruhen, sollen warnen, wenn Indikatoren bestimmte Werte überschreiten (zum Beispiel das verfügbare Emissionsbudget). Eine rechtzeitige Identifizierung schafft Handlungsspielräume für Entscheidungen und Gegenmaßnahmen, um den drohenden Schaden oder Verlust zu minimieren oder sogar abwenden zu können.

Risikomanagement ist grundsätzlich für alle Unternehmen von Relevanz. Auch Sie sollten sich mit dem Aufbau Ihres konkreten Risikosystems intensiv auseinandersetzen. Mit den oben beschriebenen Anforderungen des KonTraG hat der Gesetzgeber für die Verpflichtung des Vorstandes beziehungsweise der Geschäftsführung gesorgt, ein angemessenes Risikomanagement und damit ein System zur Früherkennung von bestandsgefährdenden Risiken einzurichten. Aufgrund der Ausstrahlungswirkung wurde dadurch auch ein wichtiges Signal an alle Unternehmen zur Sicherung des Unternehmensbestandes gesetzt. Durch die zukünftig veränderte Eigenkapitalrichtlinie der Banken durch Basel II gewinnt das Chancen- und Risikomanagement für die Finanzierung an Bedeutung.

Alle drei Regelungen – sowohl KonTraG als auch Basel II oder SOX haben tief greifende Auswirkungen auf die Unternehmensführung. Vor allem steht immer das Risikomanagement im Fokus. Dieses erfordert neben einem fehlerfreien Rechnungswesen immer mehr Information über die zukünftige Situation des Unternehmens. Diesen Bereich des Managements nenne ich Planung und Budgetierung. Das bedeutet gleichzeitig, dass immer mehr Planung und Budgetierung gemacht werden muss.

Damit das unternehmerische Ziel der Gewinnmaximierung erreicht werden kann, müssen Teilziele gesetzt und Prozesse geplant werden. »Budgetierung ist demnach die gedankliche Vorwegnahme zukünftigen Handelns durch Abwägen verschiedener Handlungsalternativen und Entscheidungen für den günstigsten Weg. Zukunftsbezogene Entscheidungen werden vorab getroffen. Planen ist Entscheiden, das nicht auf Improvisation beruht.« (Wöhe, *Einführung in die Allgemeine Betriebswirtschaftslehre,* 20. Aufl. 2000, S. 134)

Entsprechend der Unternehmensphase, der Branche und der Unternehmensgröße sind unterschiedliche Budgetierungssysteme angebracht.

4
Budgetierungsprozess

Budgetierung ist ein Prozess, der alle Aktivitäten im Rahmen der Erstellung, Genehmigung, Durchsetzung und Anpassung von Budgets umfasst. Als originäres Controllinginstrument stellt die Budgetierung dabei ein wichtiges Abstimmungsinstrument des Managements mit dem Zwang zur Koordination und wechselseitiger Information dar. Anknüpfend am Merkmal der Planungsstufen wird dabei zwischen der operativen und strategischen Budgetierung unterschieden.

Mit der Budgetierung sind besonders die folgenden Zielsetzungen verbunden: Eine wichtige Aufgabe der Budgetierung besteht darin, die zahlungsmäßigen Wirkungen der geplanten zukünftigen Maßnahmen abzuschätzen. Insoweit ist die Budgetierung eng mit der Finanzplanung verknüpft (vgl. Kapitel 5 »Budgetierungssysteme«). Auf der Basis der einzelnen funktionalen Programmpläne wird hierbei der voraussichtliche Zahlungsmittelüberschuss beziehungsweise Zahlungsmittelbedarf ermittelt. Bezogen auf das gesamte Unternehmen soll die Budgetierung eine zentrale Koordinationsfunktion erfüllen, da die einzelnen Teilpläne im Rahmen des Budgetierungsprozesses aufeinander abgestimmt werden müssen.

Durch die Vorgabe von genau definierten Sollgrößen (Umsatz, Kosten, Erträge), die es innerhalb der nächsten Planungsperiode einzuhalten beziehungsweise zu erreichen gilt, setzen die einzelnen Budgets Maßstäbe zur Leistungsmessung und üben damit eine Leistungs- und Kontrollfunktion aus. Da durch die Vorgabe von Soll-Budgets gleichzeitig bestimmte Erwartungen an das Verhalten der Budgetbetroffenen geknüpft werden, soll die Budgetierung auch der Verhaltenssteuerung dienen, indem sie zum Beispiel die Entscheidungsträger auf bestimmte Kostenziele verpflichtet und ihnen damit konkrete Handlungsorientierungen gibt.

Durch die Zielvorgabefunktion von Budgets lassen sich die Anwendungsmöglichkeiten der Budgetierung bis hin zu Leistungsbeurtei-

Das 1x1 des Budgetierens. Peter Stark

ISBN: 3-527-50133-9

lungsinstrumenten erweitern. Durch die vorgegebenen, quantifizierten Planungsgrößen können am Ende der Planungsperiode (bei zeitlicher Aufspaltung der Ziele auch innerhalb der Planungsperiode) die Zielerreichungsgrade kontrolliert werden. Somit ermöglicht die Budgetierung eine direkte Leistungsüberprüfung, die sich bei entsprechendem Detaillierungsgrad bis auf einzelne Mitarbeiter erstrecken kann.

Soll mit der Budgetierung die Motivation von Mitarbeitern gesteigert werden, ist das Setzen von realistischen Zielen sowie eine ursachengerechte Budgetkontrolle eine elementare Voraussetzung. Der Budgetierung können nämlich nur dann positive Motivationswirkungen zugesprochen werden, wenn sich die beteiligten Mitarbeiter mit den geplanten Zielen identifizieren können, wie in Kapitel 1 ausgeführt. Eine solche Identifikation kann jedoch nur erwartet werden, wenn die Zielvorgaben partizipativ erarbeitet werden und die Budgets als Rahmenplan verstanden werden, innerhalb dessen eigenverantwortlich entschieden und gehandelt werden kann.

So koordiniert der Budgetierungsprozess, wie Daten aus unterschiedlichen Unternehmensbereichen zu unterschiedlichen Themen im Zeitverlauf an die relevanten Budgetverantwortlichen kommen. In einem Planungshandbuch wird festgelegt:

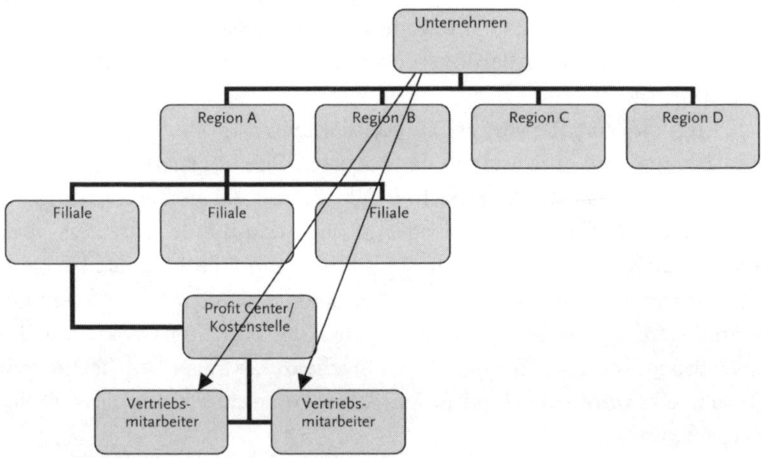

Abb. 3: Der Top-down-Ansatz

- Was wird geplant (Inhalte)?
- Wie ist die Budgetierung zeitlich koordiniert (Termine und Dauer)?
- Wer setzt Budgets fest (Teilnehmer)?

Am einfachsten ist es in diesem Zusammenhang eine Top-down-Budgetierung zu betreiben. Dann ist klar definiert, wer die Inhalte des Budgets wann festsetzt. Es gibt nur eine Hierarchiestufe, die sich mit der Zukunft des Unternehmens auseinandersetzt, das Management oder auch der Unternehmensgründer.

Wie oben beschrieben, ist das nicht sonderlich motivierend für die Mitarbeiter. Stellen Sie sich vor, Sie sind Angestellter in der fünften oder sechsten Hierarchie-Ebene. Sie haben keine Ahnung, wie Ihr eigenes Budget zustande gekommen ist. Ob Sie es erfüllen oder nicht, ist in beiden Fällen Zufall.

Ein zweiter Ansatz zur Budgetierung ist der Bottom-up-Ansatz. Dieser ist völlig konträr zum Top-down-Ansatz. Die untersten Einheiten des Unternehmens erstellen die Planung. In der Verdichtung nach oben ergibt sich das Budget für das Unternehmen.

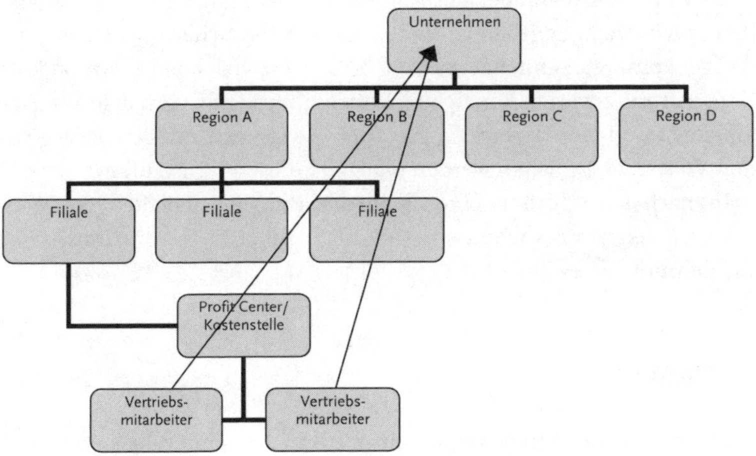

Abb. 4: Der Bottom-up-Ansatz

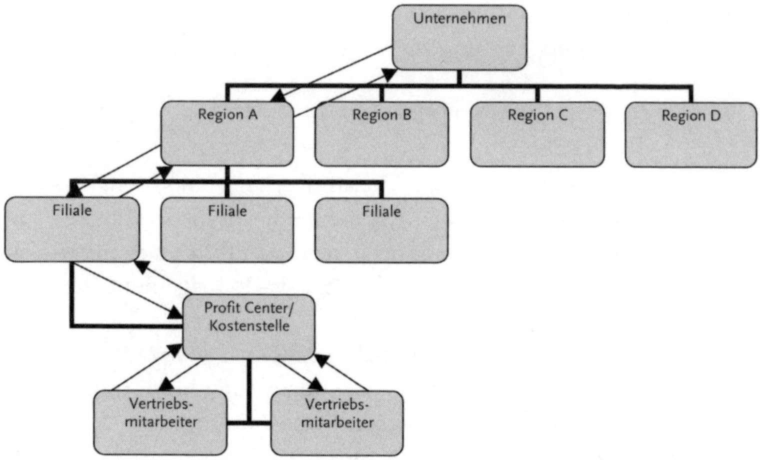

Abb. 5: Das Gegenstromverfahren

Dabei ist der Prozess wiederum langwierig und muss intensiv koordiniert werden. Der Prozess verlangt auch klare Regeln, wer wann Daten zur Verfügung stellen muss, um den Prozess nicht zu behindern. Der Vorteil liegt klar in der Motivation der Mitarbeiter, die von ihnen gesetzten Ziele zu erreichen.

Da in diesem Fall aber die Koordinationsfunktion für das Management nicht mehr gegeben ist und es zu unerfreulichen Ergebnissen im Budget kommen kann, hat man die beiden Ansätze kombiniert und das Gegenstromverfahren konzipiert. Dabei gibt es eine einmalige Vorgabe top-down und eine dezentrale Planung, die laufend mit den vorgegebenen Werten abgeglichen werden (»gegen« diese Werte laufen).

Im nächsten Schritt möchte ich die drei Punkte beleuchten, die bei allen drei Verfahren wichtig sind, nämlich Inhalte, Termin/Dauer und Teilnehmer.

Inhalte

In vielen Unternehmen wird Planung und die daraus abgeleitete Budgetierung nach wie vor als unnotwendig abgetan. Viele Unternehmer meinen, die Zukunft nicht planen, sondern eher prognostizieren zu müssen. Daran kann man nur scheitern. Lassen Sie mich ein Beispiel geben. Prognose ist Vorhersage: »So wird sich die Zukunft entwickeln: ...« Diese Vorhersage ist umso schwieriger, je unsicherer die Zukunft durch sich ständig ändernde Rahmenbedingungen ist. Ergänzend dazu findet man in den meisten Unternehmen das folgende Phänomen: Da das Controlling sehr nahe am Rechnungswesen angesiedelt ist und die beiden Abteilungen zur Erstellung der Plan-Ist-Vergleiche eng zusammenarbeiten, muss für die Budgetierung ein Abstimmungsprozess zwischen diesen beiden Bereichen erfolgen. Dazu nimmt man sich häufig nicht genug Zeit und beschließt, dass das bereits bestehende System – das Rechnungswesen – führend sein soll. Da der Kontenrahmen in jedem Unternehmen schon längere Zeit Bestand hat und eine Änderung sehr aufwändig ist, muss sich die Planung am Rechnungswesen (zum Beispiel an der Finanzbuchhaltung und an der Kostenrechnung) orientieren. Damit ist eine dramatische Ausweitung des zeitlichen Aufwandes vorprogrammiert. Rechnungswesen denkt in Konten und Buchungen, Planung hingegen sollte auf verdichtetem Datenniveau erfolgen und Unternehmenseinheiten, das Organigramm, im Fokus haben. Eine Planung, die in »Buchungen denkt«, ist viel zu detailliert. Als Faustregel kann man festhalten: 20 Prozent aller einzelnen Aufwandskonten in der Buchhaltung ergeben, wenn man die verbuchten Werte aufsummiert, 80 Prozent des gesamten Aufwandes. Warum sollte man also die restlichen 80 Prozent der Aufwandspositionen einzeln planen, wenn die Auswirkung auf das Gesamtbudget so gering ist? Für Dienstleistungsunternehmen gilt zum Beispiel, dass die Personalkosten rund 40 Prozent des Gesamtaufwandes ausmachen. Addiert man noch Mietkosten, Kommunikationskosten und allenfalls noch Reisekosten dazu, hat man mit Sicherheit 80 Prozent des gesamten Aufwandes im Fokus. Diese Positionen sollte man detaillierter budgetieren, weil sie für den Unternehmenserfolg von hoher Relevanz sind. Alle anderen Aufwandspositionen können in der Planung vernachlässigt werden. Mein Tipp: Addieren Sie die aktuell verfügbaren Istdaten des letzen Jahres und multiplizieren Sie diese Summe mit einem Faktor von 1,05. Das Ergebnis ist Ihr neuer Budgetwert. Ersparen Sie Ihren Mitabeitern und sich selbst den Aufwand und die Zeit, für Ihren Bereich den Verbrauch von Briefmarken, Bleistiften oder sonstigen Kleinkram mit Zahlen zu hinterlegen. Der Budgetierungsprozess wird dadurch entschlackt. Die gewonnene Zeit können Sie dafür nutzen, sich den Zielen zuzuwenden.

Wir haben damit zwei Felder analysiert, die die Budgetierung zu einem Albtraum für alle Planungsbeteiligten macht. Man möchte erstens eine hohe Präzision erreichen und die Zukunft möglichst genau vorhersagen, und man plant gleichzeitig sehr detailliert. Dass Mitarbeiter daran verzweifeln müssen, ist offensichtlich. Kostenstellenverantwortliche erhalten ellenlange Tabellen, in die sie Werte einfügen sollen. In der vertikalen Achse sind hunderte einzelne Positionen aufgeführt (Briefmarken, Bleistifte, Journale) und auf der horizontalen Achse sind die zu planenden Zeitscheiben eingezogen (Januar bis Dezember 200x und die folgenden vier Jahre). Allein diese Tabelle auszufüllen – ohne nur nachzudenken, ob die Zahlen Sinn ergeben –, dauert mitunter Tage.

Das passiert nicht nur auf der Kostenseite, sondern auch auf der Umsatzseite. Vertriebsmitarbeiter müssen in langen Spreadsheets darstellen, mit welchem Kunden sie in den folgenden Jahren welchen Umsatz mit welchen einzelnen Artikeln erzielen werden.

Was ist vernünftig

1. Setzen Sie in der Planung folgende Regel fest: Sie analysieren für das Unternehmen, für die Tochterunternehmen und für jede Kostenstelle die Kostentreiber in Bezug auf den Aufwand und die Werttreiber in Bezug auf die Erlöse. Am besten geschieht das mit der oben beschriebenen 80-20-Regel.

   Betrachten wir den Umsatz eines Handelsunternehmens: Hier kann man die Kundensegmente so einteilen, dass man 20 Prozent der Kunden detailliert plant – zum Beispiel auf Basis der Mengen der Produktgruppen, die man verkaufen möchte – und die restlichen 80 Prozent in Bausch und Bogen.
2. Erfassen Sie die Plandaten nicht auf Basis der Konten. Buchhaltung hat im Verständnis mit Controlling nichts zu tun. Controlling verdichtet die verfügbaren Daten des Unternehmens zu Berichten und Kennzahlen, die das Management bei der Unternehmenssteuerung unterstützen. Ich kenne keinen Manager, der sein Unternehmen erfolgreich aufgrund der Ergebnisse der Buchhaltung führt.

Termine und Dauer

Diese Überlegungen bringen uns weiter zu dem Punkt, der von den meisten Kritikern als erster ins Treffen geführt wird, wenn es um Budgetierung geht: Der Budgetierungsprozess dauert zu lange und ist ineffizient. Das stimmt, wenn man den Anspruch ansetzt, der weiter oben beschrieben ist, nämlich die Zukunft vorhersagen zu wollen und dadurch den kleinsten Betrag auf der untersten Ebene des Unternehmens budgetiert. Dazu kommt der organisatorische Aufwand, der betrieben wird. Der klassische Planungsprozess in mittleren und großen Unternehmen läuft folgendermaßen ab: Irgendwann im Herbst ist es wieder so weit. Kostenstellenverantwortliche, Produktionsplaner, Vertriebsmitarbeiter und alle anderen an der Planung beteiligten Personen im Unternehmen erhalten vom zentralen Controlling Excel-Sheets mit der Bitte, diese auszufüllen und bis zu einem vorgegebenen Datum wieder zurückzusenden. Am besten sollen die Zahlen noch kommentiert werden, damit nachvollziehbar ist, wie sie zustande kommen.

Die zur Verfügung gestellten Tabellen sind vorher in stundenlanger Feinarbeit von den Controllern erstellt und mit Makros hinterlegt worden. Die Zellen und auch die Begrifflichkeiten wurden eindeutig miteinander in Beziehung gebracht, damit das spätere Zusammenführen der Daten automatisch funktioniert. Sobald die Tabellen verschickt worden sind, kehrt in den Controlling-Abteilungen wieder Ruhe ein. Die endet, sobald die Excel-Sheets von den einzelnen Personen wieder zurückgeschickt werden.

Begriffe wurden vertauscht, Zeilen wurden gelöscht, Formeln wurden überschrieben und zu guter Letzt wurden auch eigene Ideen für den jeweiligen Bereich kreativ ergänzt. Damit beginnt die hektische Zeit in den Controlling-Abteilungen, in denen versucht wird, aus den Einzeldaten ein integriertes Budget für das kommende Jahr zu erstellen. Es beginnen Abstimmprozesse, weil Kostenstellen ihre internen Beziehungen geplant haben. Oft ist es ja so, dass ein Bereich mit einem anderen in Beziehung steht und daher Aufwand oder Erlös im jeweils anderen entsteht. Dabei passiert es aber leicht, dass ein Bereich Erlöse mit einem anderen in Höhe von 100 000 Euro plant, der andere aber eine Belastung von maximal 50 000 Euro akzeptiert. Wie soll das zentrale Controlling mit dem Delta von 50 000 Euro umgehen, das sich dabei zeigt?

Nach vielen Telefonaten, Klarstellungen und durchwachten Nächten hat man sich dann auf ein gemeinsames Budget (das häufig für die einzelnen Kostenstellen dramatisch von dem abweicht, was sie ursprünglich geplant hatten) geeinigt. Der große Tag ist da, an dem das zentrale Controlling-Team das Ergebnis dem Vorstand präsentiert, der das später gegebenenfalls wiederum den Investoren präsentieren soll. Der Vorstand blickt auf einige wenige (Kenn-)Zahlen und schon nach kurzen Momenten ist klar: So ist das Budget nicht zu akzeptieren. Die Controller müssen noch einmal eine Runde mit den Planungsverantwortlichen absolvieren, in denen der Umsatz erhöht und dabei die Kosten gesenkt werden sollen. Wieder geht viel Zeit ins Land, bis die entsprechenden Tabellen programmiert sind und dokumentiert wird, was die Geschäftsführung erwartet. Da das jedes Jahr passiert, haben die meisten Planenden bereits »Puffer« in ihren Budgets eingebaut. Da man genau weiß, dass eine zweite Planungsrunde zur Überarbeitung kommt, kann man jetzt relativ leicht den Vorstellungen des Managements entsprechen, und wie durch ein Wunder verbessern sich die Zahlen zur Zufriedenheit des Vorstandes. Dort ist man der Meinung, »es wieder einmal geschafft zu haben, die Leute zu mehr Leistung zu motivieren«. Die Einzigen, die wenige Erfolgserlebnisse haben, sind die Controller. Die versuchen den Prozess für die kommenden Jahre besser in den Griff zu bekommen.

Was ist vernünftig?

1. Spreadsheets sind zur Datensammlung genauso wenig geeignet wie für andere Controlling-Aufgaben. Sie werden anstatt zum Controller zum Excel-Programmierer, wenn Sie keine Alternative suchen (vgl. Kapitel 7 »Budgetierungssoftware«).
2. Ändern Sie den Ablauf der Budgetierung. Alles ist einfacher, wenn das Management Rahmengrößen vorgibt, innerhalb derer ein Budget akzeptiert wird. Am besten funktioniert das mit Kennzahlen, da diese Gestaltungsfreiheiten erlauben. Ein Return on Investment (ROI) setzt sich beispielsweise aus Elementen der Gewinn- und Verlustrechnung, der Liquiditätsrechnung und der Bilanz zusammen. Eine Veränderung des ROI kann demnach durch unterschiedliche Ansätze in der Planung erzielt werden. Man ist eingeschränkt, »klassisch« Kosten zu senken oder Umsätze zu erhöhen. Diese Zahlen werden den Planenden als Rahmengrößen zur Verfügung gestellt.

3. Legen Sie für alle Aktionen innerhalb der Budgetierung Zeitrahmen fest. Definieren Sie in einem Planungshandbuch, bis zu welchem Zeitpunkt alle Strukturkosten geplant sein müssen. Bis wann müssen Absatz-/Umsatzpläne vollständig vorliegen, um die Produktionsplanung machen zu können? Bis wann muss eine Projektplanung abgegeben sein, um die Personalkosten entsprechend budgetieren zu können?

Ein gutes Projektmanagement mit klaren zeitlichen Vorgaben ist für eine umfangreiche dezentrale Budgetierung eine unumgängliche Voraussetzung. Zusätzlich sollten Maßnahmen zur Verfügung gestellt/verlangt werden, die die Konsequenzen regeln, wenn Termine nicht eingehalten werden. Überlegen Sie als Controller durchaus auch, wie Sie bereits bei den ersten Anzeichen einer Verzögerung reagieren können. Mails an die Vorgesetzten von Kostenstellen-Verantwortlichen oder Aufforderungen zum Start der Planung, die gleichzeitig auch für die Geschäftsleitung sichtbar sind, wirken oft Wunder und schützen Sie davor, dass Sie selbst zum Buhmann oder zur Buhfrau werden.

Teilnehmer

Ziele werden nach der wissenschaftlichen Auffassung nach Ausmaß, Zeitbezug und personeller Zuordnung definiert. Klassisch ist dabei die »Wer, was, bis wann«-Liste, die nach jeder Sitzung erstellt werden sollte. Dabei wird ein Punkt außer Acht gelassen, der für die Zielerreichung essenziell ist, nämlich die Energie. Gerne gebe ich ein Beispiel dazu. Ich kann für mich folgendes Ziel definieren: »Ich möchte morgen einen Ferrari Testarossa haben.« Dieses Ziel ist mit Zeit (morgen), Ausmaß (Ferrari) und Personenbezug (ich) eindeutig definiert. Trotzdem werde ich dieses Auto nicht besitzen, solange ich keine Energie in dieses Ziel stecke. Solange ich das nicht tue, ist der Wunsch oder auch die innere Überzeugung nicht groß genug und ich werde das Ziel nicht erreichen.

Das bringt mich zum nächsten Punkt: Wer legt dann die Ziele im Unternehmen für das nächste Jahr fest? Kann ein Vertriebsmitarbeiter in Hessen genug Energie in eine Umsatzvorgabe (Ziel) stecken, die ihm von der Zentrale in London vorgegeben wird? Ich denke, dass das unmöglich ist. Wenn einem erwachsenen, mündigen Menschen die Mitsprache verweigert wird, wird das unweigerlich zu Protest führen. Wahrscheinlich werden dann Gründe gesucht, warum ein Ziel nicht erreicht werden kann. Daher sollten die für einen Bereich verantwortlichen Mitarbeiter, die im Rahmen des Plan-Ist-Vergleichs bewertet werden, im Zuge der Zielplanung für das nächste Jahr unbedingt mit eingebunden werden. Natürlich nur für den Bereich, den sie zu verantworten haben.

Wenn Sie jetzt sagen: »Meine Mitarbeiter sind dazu nicht fähig. Die will ich gar nicht dabeihaben. Die haben das zu tun, was ich sage ...« – möchte ich Ihnen einen Satz entgegenhalten, der sich in den letzten Jahren immer wieder bestätigt hat: Jeder Chef hat die Mitarbeiter, die er verdient. Ihre Beobachtungen über Ihre Mitarbeiter sind selbst erfüllende Prophezeiungen. Das läuft so: Sie trauen Ihren Mitarbeitern nichts zu, also erhalten diese kaum Informationen und kaum Gelegenheiten sich zu bewähren. Wenn dann doch einmal – meist aus einer Notsituation heraus – einer der Mitarbeiter etwas eigenverantwortlich durchziehen soll, fehlen ihm sowohl die Erfahrungen als auch das Selbstvertrauen. Es kommt, wie es kommen muss. Sie hätten es besser gekonnt, Ihr Verhaltensmuster (und auch das Ihrer Mitarbeiter) verfestigt sich und Sie entwickeln das Kellermeistersyndrom: Sie fühlen sich von lauter Flaschen umgeben.

Gegen eine Zielvorgabe »von oben« spricht auch das Argument, dass das Budget letztendlich dazu dient, Leistungen messbar zu machen. In den Plan-Ist-Vergleichen erfolgt ja die Gegenüberstellung dessen, was sich das Management, die Investoren und die Anleger vom jeweiligen Unternehmensbereich (verkörpert durch Mitarbeiter) erwartet haben. Diese Leistungsbeurteilung kann nur dann motivierend sein, wenn das geplante Ziel von dem kommt, der es erreichen soll. Meiner Erfahrung nach gilt das sogar in dem Fall, in dem selbst geplante Ergebnisse nicht erreicht werden konnten. Mitarbeiter sind motivierter, ihre Leistung zu verbessern, wenn sie die Ziele selbst geplant haben. Kommt es zu einem Abgleich, bei dem die realisierte Leistung nicht der geplanten entspricht, gibt es keine Ausreden. Man nimmt sich eher bei der Nase, um die Leistung zu erhöhen als wenn die Ziele vorgegeben waren.

Nachdem wir uns über Zieldefinition, Planung und Planungsverantwortung unterhalten haben, ist das nächste Thema die Zielvereinbarung. Im Sinne eines hochenergetischen Zieles darf die Vereinbarung nicht nur in eine Richtung funktionieren. In einem Gründerunternehmen zum Beispiel ist alles sehr auf die Person des Eigentümers fixiert.

Er gibt grundlegende Unternehmensziele, Werte oder zu erreichende Budgets vor. Auf der anderen Seite steht das multinationale Unternehmen, das eine stark dezentrale Planung, Zielvereinbarung und -steuerung haben muss. Ein deutscher Controller kann aufgrund fehlender Marktkenntnis oder Kundenabschätzung nicht den Umsatz von Ecuador budgetieren. Einerseits hat er keine Ahnung, wie hoch das Potenzial tatsächlich ist, andererseits demotiviert er den Vertrieb vor Ort, indem er Zahlen vorsetzt, die falsch sein müssen! Lassen Sie sich gerne von einem Fremden sagen, wie Sie Ihren Job machen sollen? Und das noch verpflichtend und im Unternehmen quasi öffentlich? Bestimmt nicht. Vielmehr werden Sie konstruktive Kritik zulassen. Sie werden sich Für und Wider anhören und gemeinsam mit einem kompetenten Partner die beste Lösung finden. Damit ist der erarbeitete Vorschlag zu einem Gutteil Ihr Vorschlag. Genauso sollten Sie mit den dezentralen Mitarbeitern und deren Zielen umgehen, wenn Sie Mitarbeiter wollen, die zu 100 Prozent motiviert auf die Erreichung der Ziele hinarbeiten.

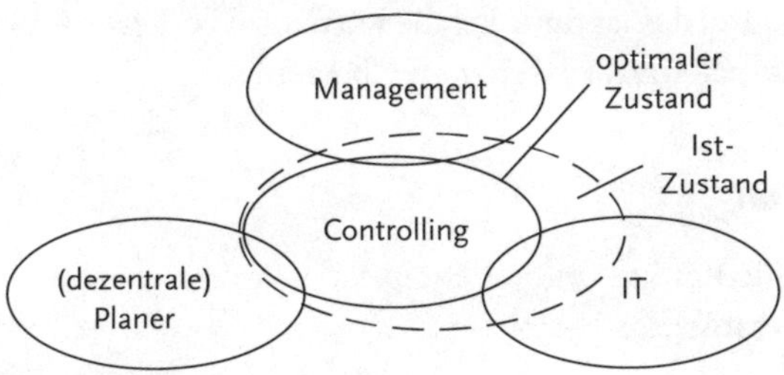

Abb. 6: Der Controller als Schnittstelle

Der Controller steht als Puffer zwischen verschiedenen Hierarchien im Unternehmen. Einerseits dient er dem Management gegenüber als Sparringspartner für die Erarbeitung wichtiger Entscheidungsgrundlagen. Andererseits benötigt er Daten und Informationen von den untersten Mitarbeiterebenen. Soziale Kompetenz ist gefragt. Schließlich benötigt er auch noch Unterstützung aus der IT. Ein ausgewogenes Verhältnis zu allen drei Gruppen ist dabei anzustreben, wobei die momentane Erfahrung zeigt, dass sich das Controlling immer weiter vom Management weg entwickelt und zu viele Aufgaben der IT und der Planer übernimmt. Ein ausgewogenes Maß zu finden ist nur dann möglich, wenn man auch die entsprechende Zeit und Ruhe hat. Ein durchschnittlicher Controller hat diese Zeit aber nicht. Daher muss die Controlling-Abteilung als erstes von der grundsätzlichen Zahlenarbeit, vom »Number Crunching«, entlastet werden. Controller dürfen sich nicht in Zahlen vergraben und sich zu Tabellen-Programmierern entwickeln. Es darf nicht sein, dass jede Anfrage vom Management als Störung empfunden wird, weil Controller den Anfragen und Analysen nicht mehr gerecht werden können.

Meine Empfehlung ist: Gehen Sie aktiv auf die Berichtsempfänger zu! Fragen Sie Ihren Finanzvorstand, ob er die Fülle an Berichten, die er pro Monat von Ihnen erhält, auch tatsächlich liest. Fragen Sie, ob etwas Neues in die Berichte einfließen soll – machen Sie Vorschläge!

Eine Studie, durchgeführt von Professor Jürgen Weber, besagt, dass das Management die Daten, die es vom Controlling bekommt, nicht als Entscheidungsgrundlagen verwendet. In derselben Studie steht, dass Controller sehr wohl wissen, dass ihre Berichte kaum gelesen werden. Trotzdem – und das ist für mich die Kernaussage dieser Arbeit – besteht kein Konfliktpotenzial zwischen den beiden!

Beispiel

Folgende Punkte könnten Sie bei der Verbesserung der Managementunterstützung begleiten:

- Terminvereinbarung zwecks Bedarfserhebung/-analyse bei/mit den internen Kunden,
- Soll-/Ist-Abgleich gemeinsam mit den Berichtsempfängern,
- Erstellung eines Leistungsangebotes sowie
- Ausrichten der Ressourcen (eigene und fremde Kompetenz).

Der Controller Verein e.V. hat in einer Studie festgestellt, dass 70 Prozent der Zeit im Controlling auf die Erstellung von Berichten entfällt. Kombiniert mit den oben beschriebenen Erkenntnissen von Jürgen Weber, dass diese Berichte vom Management nur selten gelesen beziehungsweise zur Erarbeitung von Entscheidungen herangezogen werden, steht die Sinnhaftigkeit von Berichten in Frage und damit auch der Großteil der Arbeit im derzeit »klassischen« Controlling.

Neben dem Gespräch mit den Berichtsempfängern kann die Wirksamkeit von Berichten durch professionelles Layout verbessert werden (vgl. Kapitel 4 »Budgetempfänger und ihre Erwartungen«).

Die wichtigsten Punkte aber kurz vorab. Voraussetzung dafür, dass Berichte effizient gelesen werden, sind neben der Lesefertigkeit des Lesenden vor allem dessen Lesestil, die inhaltliche Schwierigkeit des Sachverhalts, die Komplexität und Länge der Sätze sowie das Layout – das sind vor allem Satz, Schriften und Hervorhebungstechniken wie Grafiken.

Das bedeutet:

- Schreiben Sie kurze, überschaubare Absätze, damit die Berichte leichter zu lesen sind.
- Setzen Sie Wichtiges an den Absatzanfang.
- Stellen Sie Wichtiges niemals nur im Text dar, sondern vor allem in Grafiken/Diagrammen oder Tabellen.
- Benutzen Sie Hervorhebungstechniken (Fettdruck, Textbox).

Wenn Sie diese Punkte beachten, werden Ihre Berichte unmittelbar an Wert gewinnen.

Zum Abschluss dieses Kapitels über den Budgetierungsprozess möchte ich noch auf eine, meines Erachtens, sehr gute Methode hinweisen, wie Controller sich der Flut an Zusatzinformationen seitens des Managements erwehren können. Die Idee stammt von einem meiner Seminarteilnehmer, der mir glaubhaft versicherte, dass er diese Regelung in dem Unternehmen, in dem er selbst als Controller tätig ist, erfolgreich eingeführt hat.

Häufig wird der Bereich Controlling als zentraler Dienst zur Informationsbeschaffung abgetan. Controller haben nach dieser Auffassung allein die Aufgabe, dem Management neue Berichte, Kennzahlen oder Auswertungen zur Verfügung zu stellen. Diese Tätigkeit ist mühevoll, unbefriedigend und man kann als Controller immer nur reagieren. Außerdem haben die Controller selbst nie das Gefühl, etwas Wesentliches beizutragen. Während eines Karrieregesprächs, in dem man über die Leistungen des letzten Jahres befragt wird, kann man es schwerlich als großen Erfolg herausheben, vier neue Kennzahlen, eine neue Tabelle und sieben Grafiken erstellt zu haben. Damit man also einerseits das Management »zur Ordnung« rufen kann, nicht ständig Neues zu fordern und auch um die Leistung des Controllings messbar zu machen, hat man Preise für Controllingtätigkeiten eingeführt. Im speziellen Fall gab es kalkulierte Preise für eine Kennzahl, neue Berichtsblätter, neue Grafiken und Tabellen. Als Referenzwerte für das Pricing wurden die Kosten für externe Berater herangezogen. Zusätzlich wurde die Zeit gemessen, die benötigt wurde, um Berichtsmodelle zu ändern. Aus diesen beiden Faktoren wurde ein einfaches Preismodell entwickelt. Diese kalkulierten Preise wurden dann intern den entsprechenden Abteilungen berechnet. Natürlich gab es einen festen Berichtsumfang, der zu Beginn jeden Jahres festgelegt wurde und der kostenfrei ist. Wenn aber zum Beispiel die Fertigung im laufenden Jahr eine zusätzliche Produktivitätsanalyse haben möchte, bekommt sie dafür ein Angebot, das sie akzeptieren oder ablehnen kann. Der Seminarteilnehmer hat gesagt, dass dadurch die Nachfrage nach zusätzlichen, meistens einmalig erbetenen Auswertungen à la »Machen Sie mir doch mal schnell …« rapide zurückgegangen sind. Auf der anderen Seite macht es großen Spaß, die ernsthaft nachgefragten zusätzlichen Modelle und Berichte zu liefern. Dass man daneben noch ein kalkulatorisches Ergebnis für das Profitcenter Controlling ausweisen kann, motiviert die Mitarbeiter umso mehr.

Sobald Sie die grundlegenden Fragen über Ihre Serviceleistungen geklärt haben, sollten Sie in regelmäßigen Abständen Meetings mit Ihren internen »Kunden« abhalten. Informieren Sie sich über neue Strömungen im Controlling und über neue Möglichkeiten, das Management noch besser zu unterstützen. Präsentieren Sie diese Vorschläge und diskutieren Sie ihren Nutzen gemeinsam mit den Managern. So bleiben Sie immer präsent und können für Ihre Abteilungen agieren anstatt ständig reagieren zu müssen.

Für diese Meetings können Sie einerseits persönliche Gespräche einberufen, was nicht immer möglich sein wird. Ich raten Ihnen, sich auch moderner Kommunikationsmöglichkeiten wie Video-Konferenzen oder E-Mails zu bedienen. Diese können das persönliche Gespräch jedoch nie ersetzen, lediglich ergänzen.

Eine andere Gruppe von Mitarbeitern in Ihrem Unternehmen, mit denen Sie sehr eng zusammenarbeiten sollten, sind die Planungsverantwortlichen. Damit meine ich Verkaufsleiter, Produktionsleiter, Profitcenter-Leiter, Kostenstellenverantwortliche etc. Da diese selten am gleichen Ort wie Sie arbeiten, sollten Sie diese Mitarbeiter besuchen. Lernen Sie den Filialleiter kennen! Lernen Sie seine Sorgen, Ängste und seine Arbeitsumgebung kennen. Viele Controller »zitieren« die externen Mitarbeiter ausschließlich zu sich. Das hat den Vorteil, dass ihr Reisespesenkonto nicht belastet wird. Der Nachteil liegt darin, dass die externen Mitarbeiter sich immer wie Bedienstete fühlen, die vor den »großen Meister« zitiert werden. Den Controllern wird jegliches Verständnis für das »tatsächliche« Geschäft abgesprochen. »Die sitzen in ihren Elfenbeintürmen, haben keine Ahnung vom Geschäft und fordern nur!«, ist ein Satz, den ich in Projekten zu hören bekomme. Ich kann Ihnen nur raten: Gehen Sie hinaus! Machen Sie den ersten Schritt.

Mithilfe gezielter Kommunikation können Sie dazu beitragen, den Planungsprozess dramatisch zu verkürzen. Wenn Sie das schaffen, dann werden Sie eine unglaubliche Bereicherung in Ihrem Job erleben. Wenden wir uns also dem zu, was die einzelnen Berichtsempfänger von Ihnen erwarten.

5
Berichtsempfänger und ihre Anforderungen

Budgets werden nicht nur für interne Zwecke, sondern vor allem auch für externe Interessenten erstellt. An erster Stelle als Berichtsempfänger stehen dabei diejenigen, die dem Unternehmen Kapital zugeführt haben. Das sind entweder Banken oder institutionelle Investoren wie Venture Capital Fonds oder aber die Aktionäre börsennotierter Unternehmen. Während Berichte intern lediglich der Veranschaulichung von Daten dienen, wirken sie nach außen auch als ein Prestigeobjekt für das Unternehmen. Daher liegt vor allem auf dem externen Berichtswesen ein großes Augenmerk. Außer am Bericht über das kommende Budget herrscht dabei selbstverständlich vor allem Interesse am laufenden Plan-Ist-Vergleich. Dadurch wird der Grad der Sicherheit gemessen, mit dem das Unternehmen die gesetzten Ziele erreichen wird. Das wiederum sagt aus, ob die geplante Wertsteigerung des Unternehmens erzielt und damit der Mehrwert des getätigten Investments erreicht wird.

Im Regelfall sind alle relevanten Informationen im Unternehmen vorhanden, die man zur Erstellung der Reports benötigt. Die Planzahlen liegen meistens in Tabellenblättern. Die Istdaten sind im Enterprise Ressource Management (ERP) System entweder im Haus oder beim Steuerberater vorhanden. Zusätzlich findet man unzählige Daten bezüglich des Vertriebes, der Kunden, der Produkte, der Produktion, des Personals oder der Lieferanten in den unterschiedlichsten EDV-Systemen. Diese Datentöpfe sind in der Regel in heterogenen Infrastrukturen verstreut. Die Daten müssen jedoch zusammengeführt werden. Das bedeutet meistens, dass bestehende IT-Systeme funktional erweitert werden müssen. Dabei müssen zuerst alle relevanten Daten aus den unterschiedlichen Datenquellen durch die Integration anderer/neuer IT-Systeme verbunden werden. Danach sollten neue Werkzeuge implementiert werden, die diese Daten in Informationen transferieren, um schließlich die Möglichkeit zu haben, Kennzahlen als Werkzeug der Unternehmenssteuerung einzusetzen.

Das 1x1 des Budgetierens. Peter Stark

ISBN: 3-527-50133-9

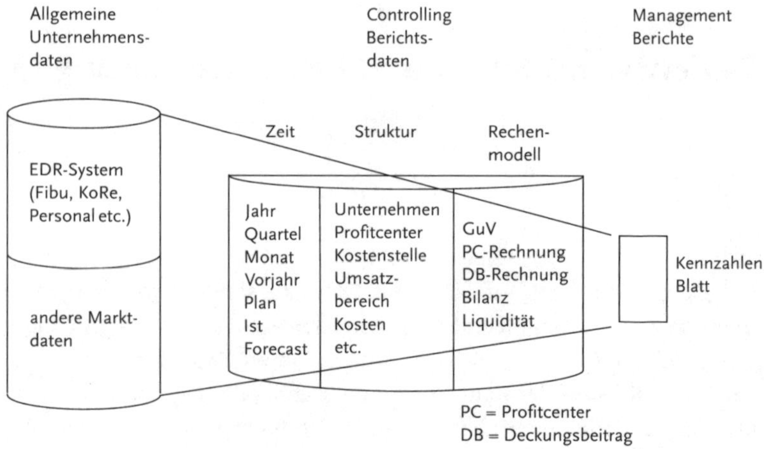

Abb. 7: Von Einzeldaten zum Report

Die Aufgabe besteht also vor allen Dingen darin, aus einer Menge von Einzeldaten im besten Fall wenige einzelne Kennzahlen zu entwickeln, die das Management zur Unternehmenssteuerung benötigt. Dabei kann man im Hinblick auf die Informationsverwendung im Planungs- und Kontrollprozess drei wichtige Berichtsformen benennen.

Als Erstes seien die regelmäßig zu erstellenden Standardberichte genannt. Sie basieren auf dem weitgehend einmalig ermittelten Informationsbedarf einzelner Stellen und Abteilungen. Es werden umfassende Einzelparameter dokumentiert, aus denen der Berichtsempfänger die für ihn relevanten Informationen zumeist selbst erkennen und auswählen muss. Die Erstellung und Verteilung dieser Berichte erfolgt zu vorbestimmten Terminen und meistens aufgrund bestimmter standardisierter Regeln.

Zweitens gibt es Abweichungsberichte, die die Aufmerksamkeit auf Sachverhalte lenken, die individuelle Entscheidungen und Eingriffe des Managements erfordern. Auslösungsgrund für diese Berichte ist in der Regel die Überschreitung von definierten Toleranzgrenzen. Beispielsweise legt man fest, dass es bei einem 10-prozentigen Anstieg der Personalkosten gegenüber dem Plan zu einem detaillierten Abweichungsbericht kommen muss.

Als Drittes seien noch die Bedarfsberichte erwähnt, die fallweise angefordert werden und zu einer ergänzenden Analyse von Sachverhalten dienen, die zum Beispiel in den genannten Abweichungsberichten angezeigt wurden.

Management – internes Reporting

Während das externe Berichtswesen, das als Rechnungslegung bezeichnet wird, bezüglich Inhalt und Umfang Prüfungs- und Publizitätsanforderungen unterliegt, ist das interne Reporting in Gestaltung, Inhalt und Ausmaß völlig frei.

In unterschiedlichen Studien und Erhebungen in Europa, aber auch in den USA traten unerwartete Ergebnisse in Bezug auf die Relevanz von Berichten für das Management zu Tage. In Deutschland wurde in einer Studie beispielsweise nachgewiesen, wie Controller die Bedeutung ihrer Berichte – deren Erstellung den größten Teil der Arbeit der Controlling-Abteilung einnimmt – sehen. Es wurde in etwa gefragt: »Denken Sie, dass Controller Ihre Berichte lesen?« Ungefähr 70 Prozent der angesprochenen Zielgruppe sagte: »Nein, ich glaube nicht, dass die Berichte gelesen werden.« Auch in meinen Seminaren schenken mir die Teilnehmer aus den Controlling-Abteilungen auf die Frage, ob sie meinen, dass ihre Berichte gelesen werden, nur ein müdes Lächeln. Andererseits wurden in derselben Studie die Manager befragt, ob sie als Grundlage für ihre Entscheidungen die Berichte der Controlling-Abteilung heranziehen. Eine signifikante Mehrheit sagte: »Nein, um Entscheidungen zu treffen, reichen mir die Berichte nicht aus. Ich erarbeite mir eigene Grundlagen.« Es verwundert dann nicht, wenn man als Ergänzung eine Studie aus den USA heranzieht, in der 2 000 Finanzvorstände darüber befragt wurden, ob sie sich durch die Berichte gut informiert fühlten. 98 Prozent gaben an, dass das Berichtswesen für ihre Bedürfnisse zu wenige Informationen beinhaltet.

Als wären diese beiden Punkte nicht schon ausreichend, um die Arbeit der Controller bezüglich des Berichtswesens kritisch zu beleuchten, wurde in der oben angeführten deutschen Studie noch ein zusätzlicher Punkt untersucht, nämlich das Konfliktpotenzial zwischen Manager und Controller. Das wiederum erstaunliche Ergebnis war, dass es keine Konflikte gab! Das heißt, dass Controller einen großen Zeitaufwand betreiben, um Berichte zu erstellen. Manager treffen ihre Entscheidungen nicht auf Basis dieser Informationen, sondern schaffen sich ihre eigenen Grundlagen. Trotzdem treten keine Konflikte auf. Man ärgert sich einerseits nicht darüber, dass man so viel Zeit investiert, das Ergebnis aber nicht honoriert wird. Man ärgert sich andererseits aber auch nicht darüber, dass Angestellte Gehälter dafür beziehen, dass sie Arbeit verrichten, die scheinbar keinem etwas bringt. Wie kann es zu so einer Situation kommen und wie lässt sie sich beheben? Die Antwort auf die erste Frage ist relativ einfach. Berichtssysteme wachsen über viele Jahre. Dabei wird leider häufig nur Neues ergänzt, aber nichts Altes an Informationen herausgenommen. Dies geschieht entweder aus Nachlässigkeit und Bequemlichkeit, vor allem aber deshalb, weil ein Eingriff in die Struktur des bestehenden Reportings nicht möglich beziehungsweise extrem umständlich wäre. In Seminaren vermitteln mir Controller in diesem Zusammenhang häufig, dass sie Angst vor dem Moment haben, wenn ihr Chef von einem Seminar zurückkommt. Häufig muss dann eine neue Kennzahl, ein neuer Reporting-Aspekt oder überhaupt eine neue Controlling-Philosophie umgesetzt werden. Welche Arbeit mit herkömmlicher Software-Unterstützung damit anfällt, wissen die Manager in den wenigsten Fällen.

Die Manager erleben die Situation aus einem völlig anderen Blickwinkel. Sie wollen Ergebnisse nach ihren Vorstellungen und Wünschen präsentiert bekommen. Kommen sie aber mit Vorschlägen und Wünschen in die Controlling-Abteilung, hören sie nur, wie umständlich das ist oder wie lange es dauern würde, ein neues Konzept umzusetzen. Auf Dauer werden es die Manager Leid sein, immer dasselbe zu hören, und aufgeben, neue Ideen einzubringen. Was man in diesem Fall tun kann, ist, einen Workshop mit externen Beratern abzuhalten. Externe Berater deshalb, weil sie einen Blick von außen einbringen und die unterschiedlichen Sprachen von Controlling, Management und IT sprechen. Wenn Controller nämlich meinen, dass eine Änderung nicht möglich ist, meinen sie meistens: Mit denselben Mitteln und Vorgängen wie bisher ist es nicht möglich. Es muss so sein, denn im 21. Jahrhundert, dem Zeitalter des World Wide Web, der Mobiltelefonie und des E-Mailings kann man davon ausgehen, dass in der Datenverarbeitung alles möglich ist. Beginnen wir bei der automatisierten Datenübernahme aus dem Vorsystem direkt in den Bericht. Es ist eine Vergeudung an Zeit und Ressourcen, wenn Berichte manuell erstellt werden. Alle modernen

EDV-Systeme legen Daten in Datenbanken ab. Diese Datenbanken können über unterschiedliche Technologien direkt miteinander kommunizieren (beispielsweise ODBC, OLEDB) oder über Exportfiles gefüttert werden. Wichtig ist lediglich, dass es sich um eine Datenbank handelt. Tabellenkalkulationen speichern die Daten an der Oberfläche – in der Zelle. Daher erlauben sie keine automatisierten Datenimports und machen einen automatisierten Plan-Ist-Vergleich unmöglich. In Kapitel 7 werden Beispiele für moderne Softwarelösungen präsentiert.

Welches ist die beste Darstellung für die Ergebnisse? Zweifellos sind Diagramme das bevorzugte Mittel, um Ergebnisse auf einen Blick analysieren und vergleichen zu können. Diagramme (Business Charts) für die Informationsvermittlung haben im Wirtschaftsleben eine große Bedeutung, sind sie doch das Medium, mit dem komplexe Sachverhalte in verständlicher Form präsentiert werden können. In der Praxis wird aber oft das Gegenteil angetroffen: Aufwändige Diagramme werden für banale Inhalte erstellt und bei den wirklich komplexen Tatbeständen wird mit schwer verständlichen Texten und Tabellen gearbeitet. Ein Diagramm sollte nicht dafür eingesetzt werden, um nur wenige Zahlen oder gar Texte großflächig zu präsentieren, sondern Diagramme sollen Tatbestände erläutern, die man nicht in wenigen Worten sagen kann. Natürlich sollten Diagramme immer etwas »sagen«, damit sie nicht zur Dekoration von Berichten und Präsentationen verkommen. Die Qualität eines Diagramms misst sich allein daran, ob es geeignet ist, die zu vermittelnde Botschaft verständlich zu transportieren. Und es macht Sinn, sich Gedanken um die klare Botschaft eines jeden Diagramms zu machen. Das beginnt bei der Auswahl des richtigen Diagramm-Typs. Ist ein Balken-, ein Fluss- oder besser ein Tortendiagramm geeignet, um einen Sachverhalt darzulegen? Nach der Auswahl des Typs sollte man sich gut überlegen, ob ein zwei- oder dreidimensionales Diagramm erstellt werden sollte. Welche Farbe soll man verwenden? Ganz wichtig ist auch der Text im Diagramm selbst. Sehr häufig beschreibt man Legenden, schreibt die Zahlen selbst noch in das Diagramm und macht die Säulen dreidimensional und bunt. Beachten Sie bei Tabellen, Grafiken und Diagrammen:

- Spalten sind effizienter als Zeilen.
- 3D ist schöner, 2D ist effizienter.
- Liniendiagramme sind effizienter als Balkendiagramme.
- Die optimale Satzlänge umfasst acht bis zehn Wörter.

So kann eine wenig gelungene Grafik aussehen.

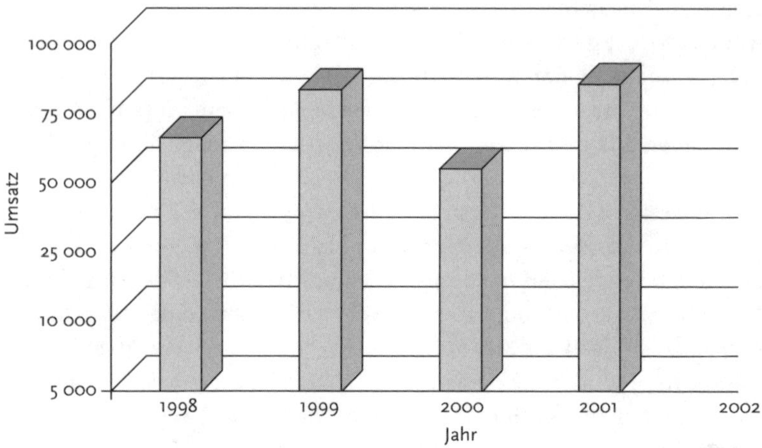

Abb. 8: Ein Beispiel für eine schlechte Grafik

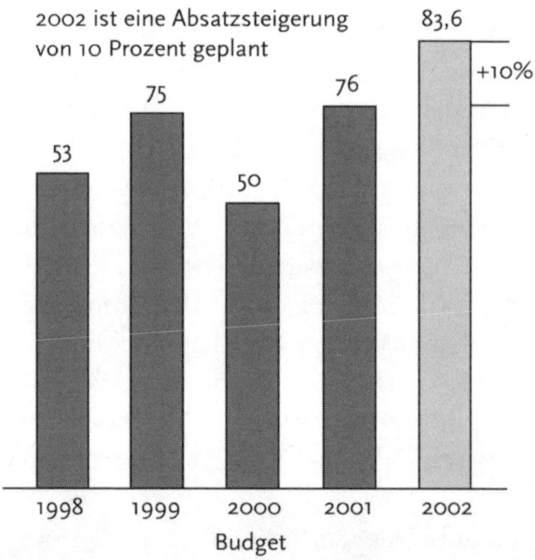

Abb. 9: Verbesserte Grafik

Besser ist es, folgende fünf Punkte für eine Grafik zu beachten:

1. Schreiben Sie als Erstes den Titel, die Kernbotschaft der Grafik – was soll sie aussagen? 2. Machen Sie als Nächstes eine Legende, die die Parameter der Grafik beschreibt. 3. Entwerfen Sie ein möglichst einfaches, schnörkelloses Diagramm. 4. Anschließend heben Sie genau den einen Effekt hervor, den diese Grafik aufzeigen soll. 5. Zuletzt können Sie auf der Folie auch noch eine Fußzeile einfügen, um Quellen oder Ähnliches zu zitieren.

Schon bei diesem einfachen Vergleich fällt auf, dass es besser verständlich ist, wenn man bei der Wahl der Darstellung einfache Mittel wählt.

Ein Fehler, der häufig bei der Präsentation von Grafiken gemacht wird, ist, dass mithilfe falscher Skalierung manipuliert wird und Daten missverständlich präsentiert werden. Beginnt man beispielsweise bei der Darstellung auf der y-Achse mit verkürzten Werten, kann der Eindruck entstehen, dass es über die letzten Jahre (wenn die Zeit auf der x-Achse eingetragen ist) zu einer dramatischen Steigerung gekommen ist.

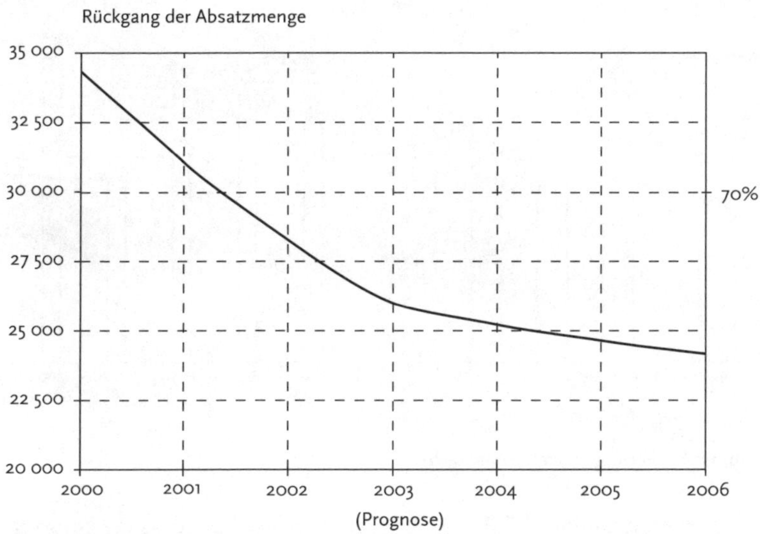

Abb. 10: Verfälschung der Tatsachen

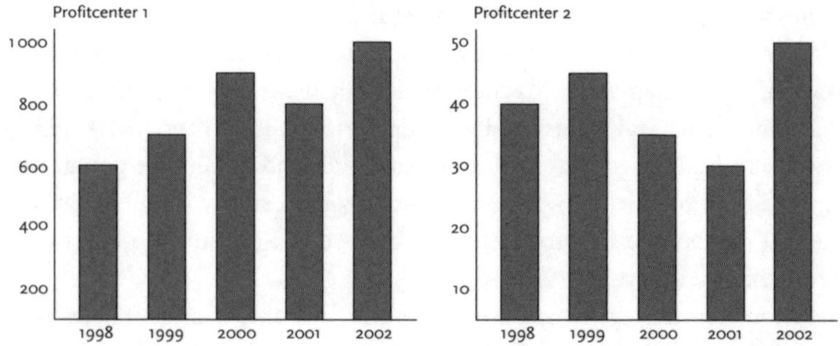

Abb. 11: Unterschiedliche Skalierung führt zu Missverständnissen

Auch wenn man unterschiedliche Ergebnisse – zum Beispiel von Profitcentern – mit unterschiedlicher Skalierung darstellt, kann es zu großen Missverständnissen führen.

Eine Lösung für den Fall, dass Diagramme aufgrund zu großer Skalierungen unlesbar würden, ist, dass auch die Balkenbreite und/oder Farbeffekte zur Darstellung eingesetzt werden.

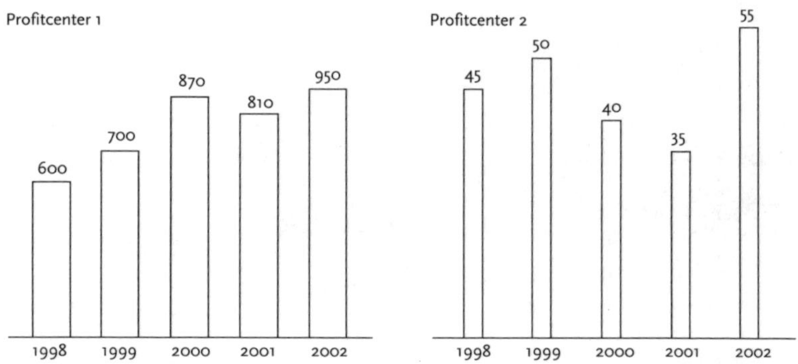

Abb. 12: Skalierungen leichter gemacht

Mit diesen wenigen Tricks kann man ermöglichen, dass die Informationen tatsächlich auf einen Blick richtig erfasst und interpretiert werden. Die Akzeptanz der Berichte und der Darstellung wird deutlich steigen und das Grundgerüst des Berichtes steht.

Investoren – externes Reporting

Wie weiter oben bereits erwähnt, dient der externe Bericht nicht nur zur Information über das erreichte Unternehmensergebnis, er ist vielmehr auch ein Prestigeobjekt. Die so genannten Geschäftsberichte ähneln in Umfang und Aufbereitung eher dem in Kapitel 2 beschriebenen Businessplan als einem Bericht für das Management.

Investoren interessieren sich meist für mehr als nur die operativen Plan-Ist-Vergleiche oder die Veränderungen gegenüber dem Vorjahr. Für sie sind ihr Investment und seine Wertsteigerung wichtig. Daher interessieren sich Investoren und Aktionäre vor allem für die strategische Weiterentwicklung der Unternehmungen. Sie interessieren sich für veränderte Marktbedingungen, für Veränderungen im Management, für strategische Pläne des Unternehmens. Daher ist der Geschäftsbericht meist mit viel mehr Text hinterlegt als der interne Managementbericht.

Exkurs: Live-Präsentation

Um die gewonnenen Erkenntnisse und die erstellten Berichte in bestmöglicher Weise präsentieren zu können, möchte ich noch einige allgemeine Tipps und Gedanken zu Präsentationen mitgeben.

Eine Präsentation soll über ein bestimmtes Thema informieren, das Publikum überzeugen und motivieren. Nach erfolgter Präsentation sollten die Teilnehmer auf dem gegebenen Informationslevel über das Thema diskutieren können. Die Vorteile einer guten Präsentation liegen auf der Hand: Das Publikum muss sich weniger anstrengen, um dem Thema zu folgen, es zieht mehr Informationen aus dem Gesagten und behält Sie als Vortragenden und die Präsentation selbst in positiver Erinnerung.

Sie als Präsentatorin beziehungsweise Präsentator wirken sympathisch, Ihre Darstellung erfährt mehr Beachtung und kleine Fehler werden Ihnen eher nachgesehen. Eine gute Präsentation ist daher immer auch eine gute Selbstpräsentation und stärkt Sie in Ihrer Position. Wie bereitet man eine Präsentation optimal vor? Sie soll informieren, überzeugen und motivieren. Dazu ist es zunächst wichtig, eine Präsentation gut vorzubereiten, beziehungsweise sie im Vorfeld bereits hinsichtlich der folgenden Punkte zu durchdenken: Machen Sie sich Gedanken über das Thema und das Ziel Ihrer Präsentation, Ihre Zielgruppe, den faktischen Inhalt, die Organisation und den Ablauf, die einzusetzenden Medien und die Möglichkeiten der Aufbereitung Ihrer Informationen für eine Visualisierung. Thema, Ziel und Zielgruppe sind oft gegeben und/oder können klar umrissen werden. Sammeln Sie zunächst die Inhalte zu Ihrem Thema, gliedern Sie diese, selektieren und verdichten Sie und denken Sie auch schon über die Visualisierungsmöglichkeiten zu einzelnen Punkten nach. Zur Visualisierung können Tabellen aus Tabellenkalkulations-Software, Grafiken, Diagramme, Filme, Fotos, Symbole, Piktogramme und Ähnliches herangezogen werden. Bleiben Sie mit allen diesen Dingen aber beim Thema und überladen Sie die Darstellungen nicht. Eine gute Präsentation muss nicht unbedingt von einem Power-Point-Spezialisten erstellt sein, der sich so richtig mit allen Hilfsmitteln der Technik ausgetobt hat. Die Zuhörer könnten schnell den Eindruck bekommen, dass Sie durch eine tolle Show über mangelndes Fachwissen hinwegtäuschen wollen. »Weniger kann mehr sein …« In diesem Sinn sollten Sie Ihren Aufwand für die Erstellung der Präsentation einteilen. Verwenden Sie 80 bis 90 Prozent Ihrer Zeit für die Inhalte und die restlichen 10 bis 20 Prozent für Ihre Darstellungsformen und die weitere Organisation und Vorbereitung. Organisieren Sie den Raum für Ihre Präsentation und schauen Sie ihn vorab genau an. Überprüfen Sie die Sitzordnung, die Lichtverhältnisse und das Vorhandensein der benötigten technischen Hilfsmittel. Mir selbst ist es schon häufig passiert, dass ich kurz vor einem Vortrag in größter Aufregung noch einen Mehrfachstecker für die ausreichende Stromversorgung organisieren musste.

Zur abschließenden Vorbereitung gehören dann auch der Test und das Einstellen und Ausrichten der Medien wie Projektor, Computer, Flip-Chart, Tafel, sonstiger Unterlagen und Handouts.

Verständlichkeit der Präsentation

Gestalten Sie Ihre Präsentation so, dass Ihre Zuhörer Ihnen leicht folgen können. Orientieren Sie sich bei der Gestaltung an den folgenden vier Kriterien für die Verständlichkeit:

Gliederung und Ordnung

Der Inhalt Ihrer Präsentation sollte gut gegliedert, folgerichtig und übersichtlich sein. Die Unterscheidung von Wesentlichem und Unwesentlichem sollte eindeutig und ein roter Faden sollte erkennbar sein.

Kürze und Prägnanz

Über die Prägnanz entscheidet sich die Angemessenheit der Präsentationslänge. Entscheidend sind Sache, Situation, Publikum und Sie als Präsentatorin beziehungsweise Präsentator. Fassen Sie Ihre Beiträge kurz und präzise, bringen Sie alle wesentlichen Punkte ein und verzichten Sie auf ausschweifende Exkurse. Ziehen Sie nicht gnadenlos alle Punkte der Präsentation in der zuvor beabsichtigten Detailliertheit durch, sondern fassen Sie auch mal was zusammen oder lassen Sie etwas aus, wenn das Auditorium schon unruhig auf den Plätzen wackelt. Behalten Sie die Zeit im Auge. Brechen Sie aber nicht die Präsentation mit der Bemerkung ab: »Für die restlichen Folien habe ich keine Zeit mehr.« Diese Aussage machen nur ungeübte Redner. Testen Sie vielmehr schon vorab, ob Ihre Präsentation zu lange ist. Rechnen Sie bei der Probe Zwischenfragen und Bemerkungen des Auditoriums mit ein. Eine Alternative ist, keine Fragen während der Ausführungen, sondern erst am Ende zuzulassen.

Einfachheit

Nehmen Sie Rücksicht auf Ihr Publikum und halten Sie Ihre Ausführungen angemessen an dessen Leistungsstand. Bleiben Sie im Sprachgebrauch des Publikums und erklären Sie Fachbegriffe und Abkürzungen, wenn sie nicht beim Publikum als bekannt vorausgesetzt werden können. Wählen Sie möglichst konkrete und anschauliche Darstellungen, welche so übersichtlich sind, dass sie auch ohne halbstündige Erklärung verstanden werden können. So erhalten Sie sich und den Zuhörern den Spaß am Präsentieren.

Zusätzliche Stimulanz

Wählen Sie anregende und interessante Beispiele zu Ihrem Thema und gestalten Sie Ihre Präsentation abwechslungsreich. Nutzen Sie verschiedene Medien und bringen Sie Ihre persönliche Note ein. Regen Sie Ihr Publikum an, damit es sich nicht langweilt und bei der abschließenden Diskussion auch noch gerne am Ball ist. Spielen Sie aber auch nicht zu viel mit der Technik und den Möglichkeiten der Präsentationsprogramme. Die vielen sich bewegenden Bilder, fließenden Übergänge, »hereinfliegenden« Unterpunkte und was es nicht alles gibt, lenken vom Thema ab. Der Betrachter denkt wahrscheinlich irgendwann nur noch, wie Sie das wohl in Power-Point eingestellt haben, ist aber nicht mehr wirklich Zielperson Ihrer Präsentation.

Banken

Vor allem seit den Diskussionen über den Basel II-Akkord (vgl. Kapitel 5 »Budgetierungssysteme«) haben Banken die Verpflichtung, sich ausführlicher mit den Unternehmen auseinander zu setzen, denen sie Kredite gewährt haben. Das bedeutet erstens das einmalige Rating bei der Kreditvergabe, aber zweitens auch das ständige Kontrollieren der Rahmenbedingungen im Sinn eines Risikomanagements. Schon in der Vergangenheit kam es zu Ratings durch Banken, wenn Kredite vergeben wurden. Die nachhaltige Prüfung der Risiken durch dauerhaftes Reporting seitens der Unternehmer wurde allerdings vernachlässigt. Naturgemäß kommt wegen Basel II dem Berichtswesen der Unternehmen große Bedeutung zu. Neben den Berichten über die Budgetierung werden kontinuierliche Plan-Ist-Vergleiche gefordert. Diese beinhalten alle benötigten betriebswirtschaftlichen Kennzahlen sowie relevante Marktinformationen. Darüber hinaus sollten Unternehmen den Banken Einblick in ihre Unternehmens- und Finanzierungsstrategie gewähren. Damit wird also der Aufbau eines zentralen Management-Informations-Systems als Werkzeug der Unternehmenssteuerung und des Risikomanagements notwendig. Zeitlich und inhaltlich ähnelt das Berichtswesen, das gefordert wird, dem weiter oben beschriebenen Geschäftsbericht von börsennotierten Unternehmen. Auch Banken werden die umfassenden Informationen jedes Quartal einfordern. Um die Situation des Unternehmens möglichst genau analysieren zu können, benötigen Banken folgende Informationen im Reporting:

- Gewinn- und Verlustrechnung auf Segmentebene,
- Cashflow und Bilanz auf Unternehmensebene,
- Analysen von Vertriebsinformationen,
- Analysen von Produktionsinformationen,
- Analysen von Kundeninformationen,
- vor allem aber Aussagen über die Kennzahlen, die beim ersten Rating bewertet wurden.

Das etablierte Management-Informations-System kann einen entscheidenden Beitrag zur Reduzierung der Kreditkosten und zur Unterstützung eines positiven Ratings im Sinne von Basel II leisten. Der Aufwand für die regelmäßigen Berichte ist dabei umso geringer, je intensiver das Unternehmen selbst mit diesen Informationen zur Unternehmenssteuerung arbeitet. Das bedeutet, dass man im internen Reporting die Kennzahlen, die beim Banken-Rating bewertet wurden, laufend vorhalten sollte. Diese Kennzahlen können zwar im Einzelfall leicht angepasst sein, es sind im Regelfall jedoch die folgenden:

- Umsatzrentabilität,
- Cashflow-Leistungsrate,
- Eigenkapitalrentabilität,
- Schuldentilgungsdauer in Jahren,
- ROI und
- Zinsendeckung.

Eine Definition dieser sechs Kennzahlen finden Sie in Kapitel 6 »Integrierte Planung«.

Davor möchte ich Ihnen allerdings noch unterschiedliche Budgetierungssysteme – im Sinne von Budgetierungsverfahren – näher bringen.

6
Budgetierungssysteme

Die wesentlichsten Kritikpunkte betreffend die operative Planung und die Budgetierung sind: Sie sind schnell veraltet, sie binden zu viele Ressourcen und sie sind entkoppelt von der Unternehmensstrategie. Im Folgenden wird sowohl die in Kritik stehende klassische Budgetierung näher erläutert, es werden aber auch die modernen Trends besprochen, die eine vollkommene Abschaffung des Budgets fordern.

Meine Empfehlung ist, dass Sie die für Ihr Unternehmen passende Form der Budgetplanung übernehmen. Es gibt kein Richtig oder Falsch, wenn es um Budgetierung geht. Wenn Ihr Unternehmen in einer Branche tätig ist, die ein konstantes wirtschaftliches Umfeld hat, wenn der Aufwand der Budgetierung die Ressourcen Ihrer Controlling-Abteilung nicht übersteigt und wenn schließlich und endlich Ihr Budget abgeleitet aus einer Vision, Mission und strategischen Planung, die nicht nur monetäre, sondern auch weiche Faktoren beinhaltet, entsteht, sollten Sie am bestehenden Vorgehen festhalten. Dann bieten Ihnen die kommenden Überlegungen einen Möglichkeit, den bestehenden Prozess effizienter und für Ihre Ansprüche besser zu gestalten.

Ausgangspunkt: Klassische Budgetierung

Die einfachste Art der Budgetierung ist dabei die Fortschreibung der Vergangenheit in die Zukunft. Das hat nichts mit einem kreativen Prozess im Sinne von »Was trauen wir uns in Zukunft zu?« zu tun, sondern bildet eher die sichere Variante der Prognose. Man analysiert die Zahlen des letzten Jahres und ergänzt sie um prozentuale Steigerungen. Beispielsweise: Der Umsatz wird um 4 Prozent steigen oder die fixen Personalkosten werden um 1,8 Prozent steigen oder der Materialverbrauch wird um 4 Prozent sinken.

Das 1x1 des Budgetierens. Peter Stark

ISBN: 3-527-50133-9

Diese Art der Budgetierung besaß in Zeiten, als die Welt noch relativ starr und vorhersehbar war, eine hohe Relevanz.

Als »klassische Budgetierung« versteht man also den Prozess einer zentralen Zielvorgabe für alle Unternehmensbereiche im Sinn einer Top-down-Planung. Die klassische Budgetierung ist im Regelfall ein Prozess, der einmalig am Ende des Wirtschaftsjahres erfolgt. Ziel ist es, ein Planbudget für das gesamte folgende Jahr heruntergebrochen auf die einzelnen Monate zu erstellen.

Bezogen auf die Unternehmenskultur versteht man unter klassischer Budgetierung eine hierarchische Vorgabe eines Planes, der die dezentralen Einheiten wenig bis gar nicht berücksichtigt.

1980 definierte einer der wirtschaftlichen Experten, Michael Porter, fünf relevante Marktgrößen. Das sind die bestehenden Konkurrenten, die potenziellen Konkurrenten, die Substitutionsanbieter, die Abnehmer und die Lieferanten. Er meint, dass eine starke Position in diesen fünf relevanten Wettbewerbsstärken zu einem nachhaltigen Wettbewerbsvorteil führt (M. Porter, *Competitive Advantage,* 1980).

Die Situation hat sich in den letzten Jahren dramatisch verändert. Globalisierung, Deregulierung, Innovationstempo und Digitalisierung haben dazu geführt, dass sich die unternehmerische Umwelt ständig und kurzfristig verändert. Potenzielle Konkurrenten oder Substitutionsan-

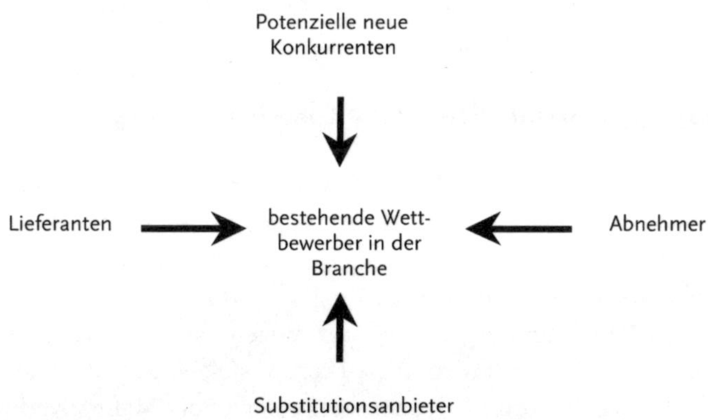

Abb. 13: Wettbewerbsfaktoren nach Porter

bieter drängen ohne langen Vorlauf auf den Markt des relevanten Unternehmens. Der Markt ist für die Kunden, Lieferanten und Konkurrenten transparent geworden. Das hat hohe Auswirkungen auf das Marketing, die Preispolitik und die Einkaufspolitik sowie die Logistik. Konnte man sich früher beispielsweise Lieferanten lediglich auf den Heimatmärkten suchen, weil die Transportkosten für Zulieferungen aus Südostasien beispielsweise zu teuer waren oder man die dortigen Unternehmen gar nicht kannte, so ist die Welt in diesem Bereich kleiner geworden. Wenn man nur das Internet betrachtet, sieht man, dass Informationen über jedes Unternehmen weltweit zu jeder Zeit für jedermann zur Verfügung stehen. Porters starre Matrix ist weiterhin relevant, sie ist jedoch in höchstem Maße dynamisch geworden.

Die Wahl der »richtigen« Budgetierungsmethode ist sehr schwer vorzunehmen. Einerseits kommen aus der Praxis in regelmäßigen Abständen neue Erkenntnisse über Möglichkeiten, andererseits gibt es im Unternehmen bereits eingeführte Methoden, die sich mehr oder weniger bewährt haben. Die Frage nach der Sinnhaftigkeit von Neuerungen in eingefahrenen Verfahrensweisen stellt sich.

Dieser Teil des Buches beschäftigt sich mit unterschiedlichen, in der Praxis angewendeten Methoden zur Planung und Budgetierung. Welche für Sie, Ihr Unternehmen, Ihre Unternehmenskultur die richtige ist, können nur Sie selbst entscheiden.

Struktur der Budgetplanung – Überlegungen

In der Praxis wurde Planung häufig als »lästiges Übel« empfunden. Abgetan als »Schau in die Glaskugel«, weil man ja nicht wissen kann, was nächstes Jahr passieren wird. Daher beschäftigten sich Controller und Management nur am Rande mit der Zukunftsplanung. Durch die Beantwortung folgender Fragen wird die Bedeutung von Budgetplanung für den Unternehmenserfolg deutlich.

Was soll mit der Budgetplanung erreicht werden?

Das Budget ist eine Absichtserklärung. Es spiegelt in Zahlen wider, welche finanziellen Ziele ein Unternehmen für das nächste Jahr verfolgt. Diese Ziele sind der Gradmesser in den monatlichen Plan-Ist-Vergleichen. Das Budget hat demnach als zweite Aufgabe die eines »Gradmessers« und dient als Grundlage für weitere Entscheidungen des Managements.

Welche Bereiche/Funktionen beziehungsweise Aufwendungen/Umsätze/Kapazitäten sollen budgetiert werden?

Die Planungsstruktur ist sehr stark abhängig von der Branche, der Größe des Unternehmens und seiner Unternehmenskultur. Ein Handelsunternehmen wird Absatzwege planen und dabei vor allem Mengen, Preise und Deckungsbeiträge. Ein Produktionsunternehmen wird dem gegenüber großes Augenmerk auf die Ressourcen- und Produktionsplanung legen. Ein Dienstleistungsunternehmen plant aufgrund der zur Verfügung stehenden Manntage die im nächsten Jahr möglichen Projekte und bewertet sie mit Tagessätzen.

Wie sind die Istdaten strukturiert?

Die Planstruktur hängt daneben sehr stark von den auswertbaren Istdaten ab. Es macht keinen Sinn auf Kundenebene zu planen, wenn Finanzbuchhaltung und/oder Kostenrechnung produktorientiert aufgebaut sind. Man sollte nicht zu detailliert planen. Eine Planung auf Sachkontenebene (zum Beispiel den Verbrauch des Kopierpapiers für den Monat März) bringt keinen Mehrwert. Weder für den Manager noch für den Planer. Für einen Manager ist die einzelne Zahl nicht relevant, weil er mit einer Änderung aus Sicht des Gesamtunternehmens nichts bewirken kann. Für den Planer bedeutet das Ermitteln dieser Zahl einen lästigen Aufwand. Halten Sie sich bei der Detaillierung an die 80/20-Regel. 20 Prozent der Einzelkosten bedeuten in Summe 80 Prozent des Gesamtaufwandes.

Beispiel

Bei einem Beratungsunternehmen entfallen auf Personalkosten 50 bis 60 Prozent der Gesamtkosten. Daneben sind der Spesenaufwand, die Büromiete, Kosten für die Kommunikation, Marketingkosten und unter Umständen noch fünf weitere Kostenpositionen interessant. Diese zehn Einzelpositionen bedeuten in Summe mehr als 80 Prozent der Gesamtkosten. Packen Sie die restlichen hundert Konten Ihrer Finanzbuchhaltung (Bürobedarf, Toilettenpapier etc.) in eine einzige Planungsposition. Beim Plan-Ist-Vergleich hat das den Vorteil, dass man sich nicht mit einer dramatischen Abweichung des Bürobedarfs – 70 Prozent – unterhält, die in Summe 100 Euro beträgt.

Für jede Branche und jedes Unternehmen gilt dabei als kleinster gemeinsamer Nenner: Planung von Erfolgsrechnung, Finanzplan und Bilanz auf monatlicher Basis (vgl. Kapitel 6 »Integrierte Planung«).

Sind die zu budgetierenden Bereiche Wert- und/oder Kostentreiber?

Identifizieren Sie, wie im obigen Beispiel für ein Beratungsunternehmen beschrieben, die Wert- und Kostentreiber Ihres Unternehmens. Nehmen Sie sich Zeit, diese genau zu planen. Das bedeutet sie zu hinterfragen, Alternativen zu suchen und sie neu zu bewerten. Positionen, die keine Wert- oder Kostentreiber sind, sollten Sie einfach aus der Vergangenheit übernehmen und fortschreiben.

Sind die Budgets beeinflussbar? Sind die Budgets vorhersehbar?

Budgetieren bedeutet keinesfalls die Zukunft zu prognostizieren! Keiner von uns weiß, was nächsten Monat sein wird. Lösen Sie sich daher vom Anspruch, über ein Jahr eine Plan-Ist-Abweichung von weniger als 10 Prozent zu erreichen. Wenn es dennoch passiert, hat es nichts mit Ihrem Können zu tun, sondern war lediglich Glück. Begreifen Sie das Budget als Absichtserklärung. Erarbeiten Sie es gemeinsam mit den Mitarbeitern, die verantwortlich sind für die Erreichung der Ziele.

Wie hoch ist der Wiederholungseffekt bei der Budgetermittlung?

Der Planungsprozess wird mit der Anzahl der beteiligten Personen und mit der Anzahl dezentraler Einheiten aufwändiger. Der Wiederholungseffekt sollte daher so hoch wie möglich gehalten werden. Setzen Sie neue Prämissen, aber lassen Sie den Planungsablauf weitestgehend konstant. So sparen Sie Zeit, die ansonsten mit Erklärungen und Schulungen verpuffen würde.

Nach welchem Verfahren sollen die Bereiche dann budgetiert werden?

Wie in den Methoden beschrieben werden wird, gibt es solche, die jährlich durchgeführt werden und immer gleich bleiben können. Andere Methoden dienen dazu, den Blick wieder zu schärfen. Sie dienen dazu, bestehende Prozesse auf ihre Sinnhaftigkeit hin zu hinterfragen. Diese Methoden sollten alle fünf bis sieben Jahre eingesetzt werden.

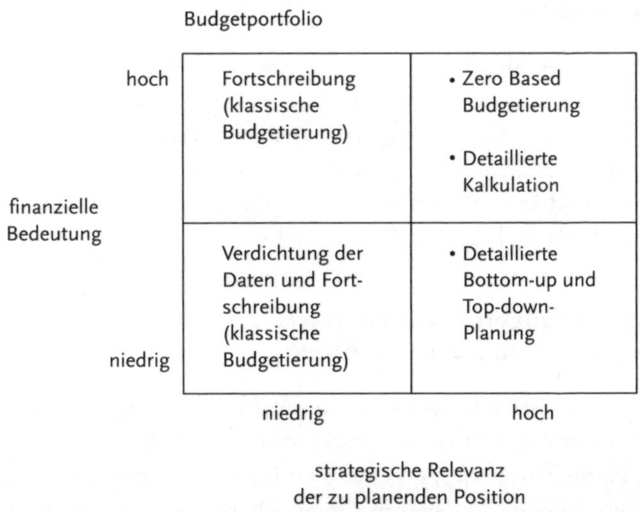

Abb. 14: Kriterienportfolio für Budgetierung

Lohnt sich der Aufwand der Budgetermittlung?

Zu wissen, wohin die Reise geht, zahlt sich immer aus! Allein der Umstand, dass das Management und leitende Mitarbeiter wissen, was im nächsten Jahr passieren wird und wie es sich auswirkt, wenn Dinge geschehen, rechtfertigt den Planungsaufwand.

Aus diesen Überlegungen lässt sich ein Budgetportfolio erstellen, das aufzeigt, mit welchem Budgetierungssystem in welchem Bereich geplant werden soll.

Klassische Budgetierung

Die einfachste Methode, um Zeiteinsatz und sonstigen Aufwand für die Zukunft zu planen, ist die »klassische Budgetierung«. Darunter versteht man den Transfer der Vergangenheitsdaten in die Zukunft, um dadurch den neuen Plan zu erstellen. Die Istzahlen eines Jahres werden als Referenz genommen, um durch den Aufschlag von Prozentzahlen den neuen Plan zu erstellen.

Beispiel

Ein Unternehmen plant mit einem Umsatzwachstum von 20 Prozent und einer Kostensteigerung von 12 Prozent. In der klassischen Budgetierung werden diese Prozentsätze mit den letzten Istzahlen multipliziert und das Ergebnis als neuer Plan verabschiedet.

Der Vorteil dieser Budgetierung liegt auf der Hand: Der Prozess ist einfach und kurz. Wenige Mitarbeiter sind eingebunden und der zeitliche Aufwand für die Multiplikation ist denkbar gering. Die Kritik an dieser Methode überwiegt meines Erachtens die Vorteile.

Ziele werden vom Management vorgegeben und diejenigen, die für die Erreichung dieser Vorgaben verantwortlich sind, werden nicht in die Definition der Ziele mit eingebunden. Dadurch werden die Mitarbeiter nicht im Sinne der oben beschriebenen eigenständigen Zielfindung motiviert, Ziele zu erreichen, sondern meistens führt es in Unternehmen zu Trotzreaktionen. Das Management, das in einer Zentrale in Hamburg sitzt, gibt zum Beispiel die Umsatzziele der Mitarbeiter in Spanien vor. Woher kennen die Manager die Gegebenheiten vor Ort? Wie viel Vertrauen wird den spanischen Mitarbeitern gegeben, wenn man ihnen vorschreibt, was sie zu tun haben? Schlimmer: Vielleicht wäre das Potenzial deutlich höher, wenn man nur die Gebietsverantwortlichen fragen würde. Meine Erfahrung als Verantwortlicher für Teams hat gezeigt, dass eine strikte Vorgabe immer kontraproduktiv war. Habe ich Kostenstellenverantwortlichen in der Planung vorgeschrieben, welche Ergebnisse sie zu erzielen hatten, war die Reaktion durchwegs dieselbe. Man hat mir im Laufe des Jahres gezeigt, dass meine Annahmen völlig falsch waren. In den Plan-Ist-Vergleichen gab es grobe Abweichungen und gute Erklärungen, weshalb sie zustande kamen. Aus diesem und auch aus Gründen der Effizienz habe ich Planung und Budgetierung dorthin verlagert, wo das größte Know-how über Marktchancen und -risiken gegeben ist – nämlich in die Filialen selbst. Besser ist es nämlich, die Planung dort zu machen, wo sie auch erfüllt werden soll – nämlich nahe am Markt. Es sollten Teams mit Eigenverantwortung gegründet, entsprechend der Unternehmensgröße mehrere Managementebenen einbezogen und Freiräume für die Teams geschaffen werden. Diese Einheiten im Unternehmen nennt man Profitcenter. Entgegen der Planung auf höchster Aggregationsstufe (dem Unternehmen selbst) wird die Planung hierarchisch tiefer angesetzt und es werden Detailpläne in jedem einzelnen Profitcenter erstellt. Verdichtet man die einzelnen Budgets der Profitcenter und verbindet diese Daten mit den zentralen Verwaltungskosten, erhält man das Gesamtergebnis des Unternehmens.

Profitcenter-Betrachtung

Das Konzept der Profitcenter-Betrachtung hat sich durchgesetzt. Die Idee ist, im Unternehmen weitere Einheiten zu bilden, denen man sowohl Umsätze als auch fixe und variable Kosten zuordnet. Durch diese Zuordnung erkennt man, welche Einheit positive Ergebnisse zum Gesamtunternehmensergebnis beiträgt und welche nicht. Klassische Profitcenter im Unternehmen sind Regionen, Filialen oder Kundengruppen. In Produktionsunternehmen können aber auch einzelne

Maschinen, in Speditionsunternehmen jeder einzelne Lastwagen oder in projektorientierten Unternehmen jedes einzelne Projekt als Profitcenter geführt werden. Der Aufbau der Planung und der Budgetierung, des Berichtswesens und auch der Aufbau im Rechnungswesen für den Vergleich der Planwerte mit den Istwerten muss entsprechend angepasst werden. Da die Unternehmensführung vereinfacht wird und man Ursachen viel schneller lokalisieren und damit auch beeinflussen kann, steht der Aufwand zur Umorganisation auf jeden Fall in einem vernünftigen Verhältnis zur zukünftigen Verbesserung.

Erweitert wurde das Konzept durch so genannte Costcenter. Das sind Einheiten im Unternehmen, denen nur Kosten, aber keine Umsätze zugeordnet werden können. Typische Beispiele für Costcenter sind: die Zentrale, das Marketing, das Rechnungswesen und das Controlling.

Umlagen und Schlüsselungen

Um eine möglichst »saubere« Profitcenter-Abrechnung zu erreichen, muss man demnach den unternehmerischen Einheiten diese Kosten zuordnen. 80 Prozent davon sind sehr einfach zuordenbar, wenn man dem Verursachungsprinzip folgt.

Beispiel

Die Filiale Düsseldorf wird als Profitcenter geführt. Die Umsätze, die der Vertrieb in Düsseldorf erzielt, werden diesem zugeordnet und auch die Personalkosten, die am Standort anfallen. Zusätzlich fallen Miete, Energie und Reisekosten an, die durch die Mitarbeiter in Düsseldorf verursacht werden.

Um die Profitcenter-Rechnung weiter zu verfeinern, kann man sich nun überlegen, dass auch diese oben angeführten zentralen Kosten (Marketing, Controlling, Rechnungswesen) den einzelnen Teams zugeordnet werden müssen. Die Zentrale erbringt diese Leistungen ja für die Profitcenter.

Die Zuordnung dieser Unternehmens-»Overheads«, der Kosten der Zentrale, ist aber im Regelfall schwierig. Was leistet das zentrale Rechnungswesen für die Filiale, was das zentrale Marketing? Könnte die Filiale auch ohne zentrale Geschäftsführung auskommen? Ich schlage vor, es hier mit der 80/20-Regel zu halten. 80 Prozent der Kosten sind mit geringem Aufwand und durch das Verursachungsprinzip eindeutig zurechenbar. Die restlichen Kosten würde ich in einer Kostenstelle (einem Costcenter) zusammenfassen. Es ist sehr schwierig, Schlüsselungssätze zu finden, mithilfe derer die zentralen Kosten den Profitcentern zugeordnet werden können.

Beispiel

Ein Handelsunternehmen hat ein zentrales Lager, aus dem drei Filialen bedient werden. Im Sinne einer Profitcenter-Rechnung werden die Filialen getrennt abgerechnet. Die Kosten des Lagers werden auf die Profitcenter verteilt. Die Filiale eins macht den größten Umsatz. Da der Umsatz der Verteilungsschlüssel für die Lagerkosten ist, bekommt die Filiale eins die höchsten Kosten zugeordnet, was den Filialleiter so demoralisiert, dass er beschließt, im nächsten Jahr weniger Umsatz zu machen. Zusätzlich wird durch die Lagerkosten das Profitcenter-Ergebnis negativ. Der Filialleiter bekommt keine Provision, was ihn in seinem Beschluss das nächste Jahr betreffend bestärkt. Außerdem wird die Filiale aufgrund des negativen Ergebnisses geschlossen. Dadurch werden die gesamten Lagerkosten nur noch auf zwei Filialen verteilt, die auch negativ und geschlossen werden.

Wozu diente die Schlüsselung in diesem Fall? Die Profitcenter wurden für die hohen Kosten des Lagers bestraft. Dieses Problem wurde durch die Aufteilung der Kosten so lange verschleiert, bis es nicht mehr ging. Durch eine saubere Abgrenzung hätten die Filialen auf ihre sehr positiven Ergebnisse hinweisen und auf eine effizientere Führung des Lagers bestehen können. Leider werden Schlüsselungen sehr häufig zur Kostenverschleierung benutzt. Seien Sie daher so radikal wie möglich und vermeiden Sie Schlüsselungen.

Planung von Verrechnungssätzen

Schon im vorigen Kapitel habe ich indirekt zu Verrechnungssätzen Stellung genommen. Ich bin der Meinung, dass man auf Schlüsselungen und daher auf Verrechnungssätze verzichten sollte. Da das nicht immer möglich ist, möchte ich Ihnen noch einige Gedanken dazu nahe legen. Hintergrund ist die Vergleichbarkeit von intern erbrachten Leistungen mit dem Markt und die Möglichkeit der Fremdvergabe von Leistungen.

Zum Punkt Vergleichbarkeit: Unsere Zeit ist geprägt durch Nischenanbieter und Spezialisten. Es ist daher vielfach kostengünstiger, Aufgaben, die bisher von internen Abteilungen erbracht worden sind, an Anbieter am Markt zu vergeben. Beispiele dazu sind: externe DV-Anbieter (zum Beispiel Systemhäuser), Catering-Unternehmen, externe Controller (zum Beispiel Unternehmensberater), Marketing- und PR-Agenturen. Diese stehen in Konkurrenz zu internen Unternehmensabteilungen im Unternehmen.

Das bildet die Überleitung zum Punkt Fremdvergabe: Interne Bereiche werden gezwungen, zu »Marktpreisen« zu operieren und ihre Leistungen dementsprechend auch anzubieten. Bei Firmen wie zum Beispiel Audi ist diese Art der Leistungsabrechnung bereits üblich. Marktpreise werden ermittelt, indem man Angebote von externen Anbietern einholt und mit den internen Verrechnungssätzen vergleicht. Die einzelnen Profitcenter werden so autonom geführt, dass der Profitcenter-Leiter selbst entscheidet, welche Leistung er akzeptiert und dementsprechend auch abrechnet.

Ein Nebeneffekt, der durch diese Art der Leistungsermittlung auftritt, ist, dass die Mitarbeiter der traditionellen Costcenter sich nicht mehr als »Kostenverursacher« empfinden, sondern wie eigene Unternehmen operieren können. Nicht selten geht damit eine enorme Leistungssteigerung in den Abteilungen einher. Zusätzlich werden die Bedeutung und die Akzeptanz im ganzen Unternehmen extrem gesteigert.

Anders die Umsatzplanung: Zur Beurteilung der Wirtschaftlichkeit der Profitcenter wird bei der Umsatzplanung eine Deckungsbeitragsrechnung auf Ebene der Kunden, der Produktgruppen oder der Produkte selbst gemacht.

Deckungsbeitragsrechnung

Die Deckungsbeitragsrechnung bietet als Umsatzkostenverfahren eine sinnvolle Alternative zur Vollkostenrechnung. Diese dient zur Ermittlung von Preisen und geht von allen Einzel- und Gemeinkosten (direkte und indirekte Kosten) aus, die auf die Kostenträger verrechnet werden.

Die Nachteile der Vollkostenrechnung liegen auf der Hand:

keine Trennung in fixe und variable Kosten, zu hohe Preise, immenser Aufwand bei der Schlüsselung und Proportionalisierung der Gemeinkosten, bei rückläufigem Absatz der Produkte müssten sich die Preise erhöhen, weil sich die Gemeinkosten auf eine geringere Stückzahl verteilen.

Die Deckungsbeitragsrechnung unterscheidet sich von der Vollkostenrechnung dadurch, dass sie nicht von Einzel- und Gesamtkosten ausgeht, sondern die variablen von den fixen Kosten unterscheidet und sie nach dem Verursacherprinzip verteilt. Das heißt, dass man davon ausgeht, dass der erzielbare Verkaufserlös nicht nur variable Kosten abdeckt, sondern auch einen Betrag beinhaltet, der zur Fixkostendeckung beiträgt und eventuell den Gewinn erhöht. Der Betrag, der über die Deckung der variablen Kosten hinausgeht, nennt man Deckungsbeitrag. Er zeigt somit, welchen Beitrag ein Produkt oder eine Produktgruppe zur Abdeckung der fixen Kosten und zur Gewinnerhöhung leistet. Je höher der Deckungsbeitrag eines Produktes ist, umso bedeutender ist es für das Unternehmen.

Für die Definition von fixen beziehungsweise variablen Kosten gibt es verschiedene Ansätze. Variable Kosten sind leistungsabhängig, entstehen also in Abhängigkeit von der Auslastung der Kapazität (beschäftigungsabhängig, direkte, proportionale Kosten, Grenzkosten). Fixe Kosten fallen im Gegensatz dazu etwa für Produktion oder Vertrieb von Produkten an. Sie sind unabhängig davon, ob der Beschäftigungsgrad hoch oder tief ist, Produkte erstellt werden oder nicht (beschäftigungsunabhängige, indirekte Kosten).

Eine andere Definition zielt auf den Faktor »Managemententscheidung« ab. Demzufolge sind fixe Kosten nur durch eine Entscheidung des Managements zu verändern.

Beispiel

Personalkosten gehören zu den fixen Kosten. Um sie auf- oder abzubauen, ist es nötig, Mitarbeiter einzustellen oder zu kündigen – die Entscheidung obliegt dem Management.

Mietkosten sind fixe Kosten. Sie fallen an, egal ob im Gebäude produziert wird oder nicht. Um sie zu verändern, bedarf es einer Entscheidung des Managements.

Rabatte dagegen sind variable Kosten. Sie stehen in direktem Verhältnis zum Umsatz. Je mehr Umsatz, umso höhere Rabatte werden durchschnittlich gegeben. Die Entscheidung obliegt dabei den Vertriebsmitarbeitern, nicht dem Management.

Die Deckungsbeitragsrechnung ermöglicht als Entscheidungshilfe das Erkennen einer optimalen Sortimentspolitik durch die Orientierung an einzelnen Deckungsbeiträgen und nicht an Gewinn oder Verlust größerer Unternehmenseinheiten. Die Sicht erlaubt zusätzlich die Kalkulation von kurzfristigen Preisuntergrenzen bei Verfall der Marktpreise und damit die Erhöhung des Spielraumes für preispolitische Maßnahmen. Die kurzfristige Preisuntergrenze ergibt sich dabei aus den variablen Kosten. Darüber hinaus erleichtert eine Deckungsbeitragsrechnung auch die Entscheidung, ob Güter im Fremdbezug angeschafft oder in Eigenleistung erstellt werden sollen. Dabei werden die variablen Kosten mit den Preisen von Lieferanten verglichen.

Prinzipiell muss der Deckungsbeitrag der Produktgruppen eines Profitcenters zumindest dessen Fixkosten decken. Die Ergebnisse der Profitcenter müssen außerdem die übrigen, nicht zugeordneten Fixkosten decken, erst dann bewegt sich das Unternehmen in der Gewinnzone. Diese Vorgehensweise wird als stufenweise Fixkostendeckungsbeitragsrechnung bezeichnet. Der Punkt, der den Umsatz beschreibt, ab dem man bei gegebenen variablen und fixen Kosten in die Gewinnzone kommt, nennt man Break-even-Punkt. Die Umsatzhöhe selbst bezeichnet man als Mindestumsatz.

Der Break-even-Point also bezeichnet die Absatzmenge, bei der die Gesamterlöse gerade die Gesamtkosten decken. Unter diesem Punkt befindet sich das Unternehmen im Verlustbereich, darüber im Gewinnbereich. Um die Mindestabsatzmenge zu erhalten, wird errechnet, wie oft

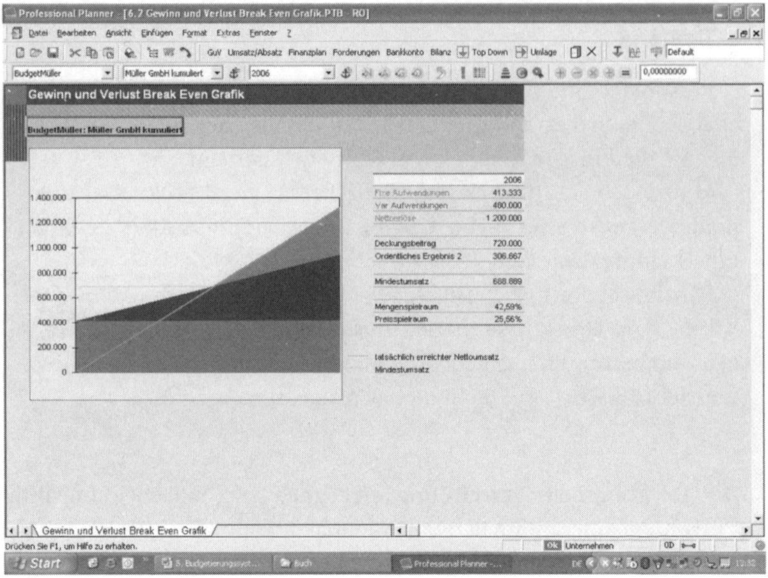

der Deckungsbeitrag verdient werden müsste, um die gesamten Fixkosten zu decken (Fixkosten/Deckungsbeitrag pro Stück).

Bei Unternehmen, die unterschiedliche Produkte mit unterschiedlichen Deckungsbeiträgen produzieren, muss die durchschnittliche Deckungsquote in Prozent des Umsatzes ermittelt werden, um den Mindestumsatz zu errechnen (Fixkosten/durchschnittlicher Deckungsbeitrag in Prozent vom Umsatz).

Der Vorteil dieser Herangehensweise zur Unternehmenssteuerung liegt in der differenzierten Analysemöglichkeit. Der Nachteil liegt im höheren Aufwand bei Planung und Berichtswesen beziehungsweise in einem hohen Koordinationsaufwand für das Controlling. Zum höheren Planungsaufwand gleich mehr, zum Koordinationsaufwand mehr unter dem Punkt »Controlling und Kommunikation«.

Exkurs: Portfolios

Um herauszufinden, welche Budgetierungsmethode für das jeweilige Unternehmen die geeignete ist, kann man unterschiedliche Alternativen in Portfolios gegenüberstellen.

Die Verwendung von Portfolios kann man in vielen Bereichen als Entscheidungsgrundlage heranziehen, als Beispiel soll hier noch auf die Verwendung von Portfolios bei der Auswahl von Projekten hingewiesen werden. Die horizontale Achse beschreibt den Standardisierungsgrad der zu planenden Bereiche. Dazwischen liegt die Budgetschnittlinie. Bereiche, die über der Schnittlinie liegen, sollten methodisch und aufwändiger geplant werden.

Links oben sehen Sie den Bereich der Projektplanung. Projekte sind von großer Bedeutung für den wirtschaftlichen Erfolg. Sie fallen vereinzelt an und gleichen einander kaum. Daher ist der Standardisierungsgrad sehr gering. Methoden sollten unbedingt angewendet werden. Da die Methoden zur Projektplanung in diesem Buch nicht ausführlich behandelt werden, möchte ich an dieser Stelle drei für Sie aufzählen:

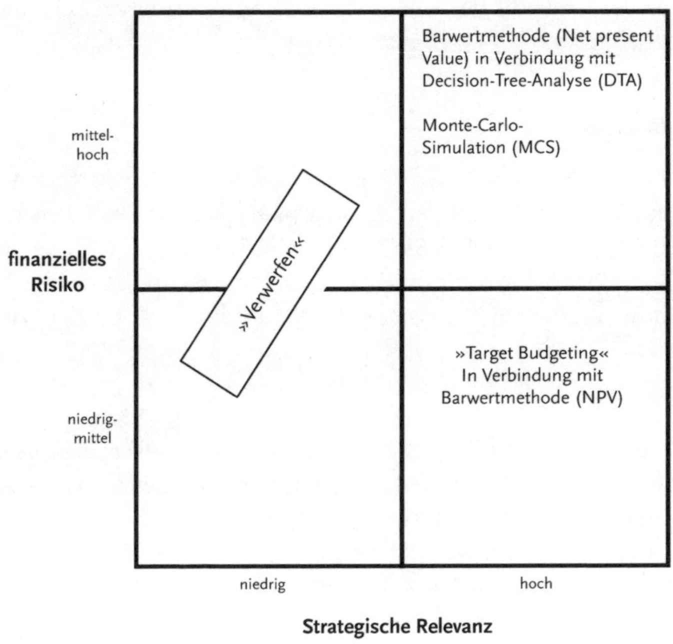

Abb. 15: Kriterienportfolio für Projekte

- Target Budgeting beziehungsweise die Barwertmethode,
- die Decision-Tree-Analyse sowie
- die Monte-Carlo-Simulation.

Gehen Sie bei der Projektbewertung ebenfalls nach einem Kriterienportfolio vor.

Ordnen Sie auch Ihre Planungsprojekte nach folgenden Kriterien ein: Wie hoch ist das finanzielle Risiko und wie bedeutsam ist das zu bewertende Projekt für Ihr Unternehmen? Ist es von niedriger strategischer Relevanz für das Unternehmen, verwerfen Sie das Projekt. Ist es strategisch bedeutsam für Sie, dann beurteilen Sie das Projekt nach seinem finanziellen Risiko. Je höher das Risiko, umso umfassender muss die Beurteilung ausfallen und umso aufwändiger ist die Methode.

Das zweite Quadrat auf der linken Seite des Portfolios bezeichnet die Planungsbereiche, die sich sehr wenig verändern und auch für das gesamte Unternehmen von geringer Relevanz sind. Diese Bereiche sollten Sie von der Methodik her sehr großzügig und ohne großen Zeitaufwand budgetieren.

Beispiel

Der PC eines Mitarbeiters geht im März kaputt. Die Festplatte ist irreparabel und Sie müssen ein neues Gerät kaufen. Die Investition in das neue Gerät haben Sie nicht detailliert geplant. Für diese Vorfälle sollten Sie eine Summe im Budget vorsehen, die keiner bestimmten Situation zugewiesen sind (zum Beispiel Sonstiger Aufwand).

Weiter rechts im Portfolio werden Bereiche zugewiesen, die eine hohe Wiederholungsrate haben und von geringer strategischer Bedeutung für das Unternehmen sind. Kosten also, die nicht beeinflussbar sind und von Jahr zu Jahr in ähnlicher Höhe anfallen. Diese Positionen sollten Sie »klassisch« planen. Darunter versteht man die Fortschreibung aus der Vergangenheit.

Beispiel

Die Stromkosten bleiben im nächsten Jahr gleich, da Sie im selben Büro bleiben wie bisher. Sie sind bereits beim momentan günstigsten Anbieter und haben Rahmenverträge abgeschlossen. Den Stromaufwand schreiben Sie einfach vom letzten Jahr fort. Unter Umständen können Sie eine tarifliche Steigerung mitberücksichtigen und den Wert des letzten Jahres mit 2 Prozent multiplizieren. Damit ist die Planung für diese Bereiche abgeschlossen.

Bleibt noch der letzte Quadrant links oben, die »ergebnisorientierte Planung«. Hier werden Bereiche gesehen, die von großer Relevanz für das Unternehmen sind und immer wieder anfallen. Das sind die Wert- und Kostentreiber im Unternehmen. Diese sind ausschlaggebend für den Unternehmenserfolg und müssen intensiv geplant werden. Am günstigsten ist es, verschiedene Szenarien in der Planung zu entwerfen, um die Bedeutung der Veränderung dieser Werttreiber aufzeigen zu können.

Beispiel

Die Deckungsbeitragsrechnung wird in vielen Unternehmen sehr grob gehandhabt. Für den Handel ist der Deckungsbeitrag jedoch von immenser Bedeutung. Ein Preisspielraum von maximal 4 bis 6 Prozent ist nicht selten. Das bedeutet, wenn man ein Skonto von 2 Prozent gewährt und einen zusätzlichen Rabatt von 5 Prozent, ist dieser Einzelumsatz negativ für den Erfolg des Unternehmens. Eine detaillierte Deckungsbeitragsrechnung pro Kunde oder Produktgruppe könnte diese Situation im Plan-Ist-Vergleich sofort aufzeigen.

Nach diesem Exkurs soll auf weitere Budgetierungssysteme detaillierter eingegangen werden. Bei der Behandlung der weiteren Methoden möchte ich auf jene eingehen, die im Bereich der »ergebnisorientierten Planung« zum Einsatz kommen. Drei Methoden werden dabei im weiteren Verlauf genauer erarbeitet.

Ergebnisplanung mit Target Budgeting

Bei dieser Methode geht man von einem Zielergebnis aus, das man erreichen möchte. Dazu ist es notwendig, einen Zielpreis zu ermitteln. Wir betrachten das Vorgehen anhand eines Beispiels aus der Automobilindustrie. Es soll dabei der Preis eines Kleinwagens ermittelt werden, der auf den Markt gebracht werden soll. Ausgangspunkt ist der aktuelle Preis (zum Beispiel 17 000 Euro) eines vergleichbaren Produkts der Konkurrenz. Da bis zum Markteintritt noch eine Preisveränderung erwartet wird, wird dieser Wert bereinigt – beispielsweise um 1 000 Euro. Diesen Wert sollte man am besten aufgrund der eigenen Marktkenntnis schätzen. Hält man Inflation und andere Faktoren konstant, ist der Zielpreis bei Markteinführung demnach 18 000 Euro.

Um aufzuzeigen, wie hoch der Nettoerlös pro Fahrzeug ist, zerlegt man den Zielpreis in seine einzelnen Teile. Damit wird das Budget ermittelt, das zur Produktion eines Fahrzeuges zur Verfügung steht. In unserem Fall werden Mehrwertsteuer, Händlermarge, Erlösschmälerungen (Rabatte, Skonti) abgezogen, um den Nettoerlös im Inland zu erhalten. Bereinigt man diesen Wert noch um Währungseinflüsse (mögliche Kursschwankungen), erhält man den durchschnittlichen internationalen Nettoerlös für ein Fahrzeug. Ein vergleichbares Auto kostet bei der Konkurrenz 12 000 Euro. Wenn wir diesen Preis als Referenz für unser Fahrzeug heranziehen, gehen wir davon aus, dass auch uns dieser Betrag als Erlös pro verkaufte Einheit zur Verfügung steht.

Wie sieht im Gegenzug dazu die Kostenseite des Budgets aus? Wir verbinden nun Kosten- und Erfolgsseite. Aufgrund der Kostenstruktur im Unternehmen können wir die verbliebenen 12 000 Euro folgendermaßen zuordnen:

Bei der Erstellung der Fahrzeuge fallen 60 Prozent Einzelkosten (7 200 Euro) an und 28 Prozent Gemeinkosten (3 360 Euro) durch Umlage. Zusätzlich kalkulieren wir 2 Prozent Risikozuschlag (240 Euro) und unser Ziel ist ein operatives Ergebnis von 10 Prozent (1 200 Euro). Nehmen wir an, die tatsächlich anfallenden Kosten sind höher. Als Beispiel nehmen wir die Gemeinkosten. Folgt man einer fiktiven Planung, dürfen die Gemeinkosten pro Fahrzeug nur 2 800 Euro betragen. Tatsächlich ist der Aufwand aus den Gemeinkosten jedoch 3 360 Euro. Das Potenzial, das wir heben müssen, beträgt rund 17 Prozent.

Zur Ermittlung der bedeutendsten Kostentreiber innerhalb der Gemeinkosten werden diese nun im Verhältnis zueinander dargestellt. Man erkennt, dass vor allem im Bereich der Fertigungsgemeinkosten (FGK) ein sehr großes Einsparungspotenzial besteht. Mit dieser Analyse ist das Target Budgeting »zu Ende«. Es zeigt auf, wie sich der Zielumsatz (Zielpreis multipliziert mit Zielmenge) zu den Kosten verhält. Besteht eine Abweichung, wird diese offensichtlich. Diese Methode allein bietet dem Controller keine Hilfe zur Behebung dieser Abweichung. Auf die Frage, wie man die Lücken schließen kann, gibt die Methode des »Zero Based Budgeting« Antwort.

Gemeinkostenplanung mit Zero Based Budgeting

Das wesentliche Merkmal von Zero Based Budgeting ist, dass es grundsätzlich die bestehende Ressourcenverteilung in Frage stellt und der Budgetierungsprozess somit jeweils bei Null startet. Die vormals erstellten Budgets werden bei der neuen Planung ignoriert. Um alle Verkrustungen der Vergangenheit aufzudecken, arbeitet Zero Based Budgeting mit der Fiktion einer »Neuplanung« im Sinne einer Neugründung und berücksichtigt bei der Budgetaufstellung die Denkansätze der Wertanalyse und der Kosten-Nutzen-Analyse. Folgende Fragen stehen im Fokus der Betrachtung:

- Worin bestehen die Zielsetzungen des Unternehmens?
- Welche Abteilungen beziehungsweise Funktionen werden zur Erreichung der wesentlichen Unternehmensziele wirklich gebraucht?
- Welche Ziele verfolgen die einzelnen Abteilungen?
- Werden zur Zielerreichung die wirtschaftlichsten Methoden und Verfahren eingesetzt?
- Welche Mittel sollen für den Gemeinkostenbereich eingesetzt werden, welche werden tatsächlich eingesetzt?
- Welche Maßnahmen sind für eine Gemeinkostensenkung erforderlich?

Ausgangspunkt bilden die so genannten Entscheidungseinheiten, die unabhängig von bestehenden Organisationsstrukturen unter Zusammenfassung inhaltlich ähnlicher Aufgabenbereiche gebildet werden. Für diese Entscheidungseinheiten wird ein Leistungsniveau festgelegt, das sich auf das qualitative und quantitative Arbeitsergebnis der Entscheidungseinheiten bezieht. Um das wirtschaftlichste Arbeitsverfahren für jede Einheit zu bestimmen, werden die Leistungsniveaus bei unterschiedlichen Arbeitsverfahren ermittelt und gegenübergestellt. In den nächsten Schritten werden Entscheidungsvorlagen erarbeitet, in denen jeweils drei Leistungsniveaus der untersuchten Bereiche dargestellt werden, um diese anhand von Kosten-Nutzen-Analysen in eine Prioritätsfolge zu bringen. Im letzten Schritt – auch als Budgetschnitt bezeichnet – wird geprüft, welche Konsequenzen sich zum Beispiel aus einer Kostenreduzierung von 20 Prozent in jedem Bereich ergeben. Dabei ist zwischen dem Ziel der anvisierten Kosteneinsparung und der Notwendigkeit der Leistungserbringung abzuwägen. Letztendlich wird durch den Budgetschnitt festgelegt, welche Ressourcen den einzelnen Bereichen zugeteilt werden.

Die Vorteile des Zero Based Budgeting liegen vor allem darin, dass im Gemeinkostenbereich alle Aktivitätsfelder systematisch analysiert und bewertet werden. Diesem Vorteil steht als Nachteil der hohe zeitliche und formale Aufwand gegenüber, da zur Durchführung des Zero Based Budgeting durchaus Zeiträume von zwei bis drei Jahren keine Seltenheit sind. Damit eignet sich dieses Verfahren nicht zur kurzfristigen periodischen Verwaltungskostenplanung, sondern ist eher als Sonderprojekt zur Reallokation und Verwaltungskostensenkung einsetzbar.

Dementsprechend hat diese Form der grundsätzlichen Analyse von Gemeinkostenleistungen mit den herkömmlichen Budgetierungstechniken nicht viel gemeinsam, denn hier wird alles in Frage gestellt, was bisher als sinnvolles und wünschenswertes Arbeitsergebnis im Gemeinkostenbereich angesehen wurde.

Gegenstand der Zero-Based-Budgeting-Analyse sind grundsätzlich alle Gemeinkostenbereiche des Unternehmens, lediglich die operativen Funktionen sind in der Regel von dieser Analyse ausgenommen. Zero Based Budgeting hilft beim strukturierten Vorgehen zur Reorganisation. Unternehmen tendieren dazu, eingefahrene Vorgehensweisen nicht mehr in Bezug auf ihre Wirtschaftlichkeit zu hinterfragen. Daher sollte man sich in regelmäßigen Abständen (circa alle fünf Jahre) folgende Frage stellen: »Wenn ich das Unternehmen heute noch einmal auf der grünen Wiese aufbauen würde, wie würde ich vorgehen?« Diese regelmäßige Frage birgt sehr große Vorteile, da sie hilft, nicht genutzte Potenziale im Kosten- und Umsatzbereich zu heben. Stellen Sie Ihr Unternehmen als Sanierungsfall dar und restrukturieren Sie am Reißbrett die gesamte Organisation.

Beispiel

Wir haben erkannt, dass die Gemeinkosten zu hoch sind und einen dauerhaften Unternehmenserfolg gefährden. Anders ausgedrückt: Der Markt ist nicht bereit, das zu zahlen, was wir – vor allem in der Verwaltung – an Kosten verursachen. Da eine Umstrukturierung eine sehr große menschliche Komponente beinhaltet und zu großen Unsicherheiten bei den Mitarbeitern führt, ist es zwingend notwendig, das Personal zu informieren.

Danach nimmt man einen Untersuchungsbereich – beispielsweise die Verwaltungsgemeinkosten. Dieser Bereich muss unterteilt werden und in den Teilbereichen erfolgt die Istdaten-Erhebung.

In unserem Beispiel wenden wir uns einer speziellen Entscheidungseinheit eines Untersuchungsbereiches (Debitorenbuchhaltung) zu, nämlich dem »Schreiben von Ausgangsrechnungen«. Es wurde festgestellt, dass Rechnungen sehr spät weggeschickt werden, was zu einer Ausweitung des Zahlungszieles und dadurch zur Erhöhung der Forderungsbestände führt. Das ist der Istzustand. Nach der Formulierung eines Zielzustandes werden gemeinsam mit den Mitarbeitern der relevanten Bereiche Alternativen erhoben. Diese werden am besten durch Brainstorming (ohne Bewertung) ermittelt. Die Bewertung erfolgt daran anschließend getrennt in einer neuen Übersicht. Die Entscheidungspakete werden dann neu zugeordnet und unter Grundlage des vorhandenen Budgets neu erstellt.

Abschließend wird aufgrund der neuen Aktivitäten das Target Budget ermittelt und für die Plan-Ist-Vergleiche herangezogen.

Prinzipiell lassen sich unterschiedliche Planungshorizonte (lang-, mittel- und kurzfristig) berücksichtigen, so dass Vorhaben über strategische und operative Projekte, wie zum Beispiel Forschungs- und Entwicklungsprojekte, ebenso beurteilt werden können wie Maßnahmen zur Sicherung des Tagesgeschäftes. Dabei spielt auch die Größe des Unternehmens keine Rolle, denn der gedankliche Ansatz der Methode ist nicht auf bestimmte Unternehmensgrößen ausgelegt.

Das Zero Based Budgeting baut auf den Kenntnissen von Gruppen- und Abteilungsleitern auf und nutzt die Erfahrungen von externen Beratern. Die Verantwortung liegt allerdings bei der Unternehmensleitung, die sowohl die Analyse als auch die Realisierung der Maßnahmen unterstützen muss. Bedingt durch den hohen Zeitaufwand, der mit dieser Analysetechnik verbunden ist, wird das Zero Based Budgeting nicht permanent, sondern lediglich in einem Mehrjahresabstand durchgeführt.

Bei der Durchführung werden unterschiedliche Prozesse angestoßen. Zuerst wird ein Projektteam gebildet, das sich vorwiegend aus den Abteilungs- und Bereichsleitern der Funktionsbereiche Verkauf, Fertigung, Logistik, Personal und Controlling zusammensetzt. Da von diesem Projektteam der Erfolg der Maßnahmen abhängt, sollten seine Mitglieder sehr sorgfältig ausgewählt werden. Ferner ist eine intensive Schulung für eine erfolgreiche Umsetzung des Zero Based Budgeting unumgänglich.

Die Analyse wird weitgehend von den eigenen Führungskräften getragen, um das gewonnene Know-how und die Kenntnisse über den Untersuchungszeitraum hinaus fortentwickeln zu können. Die gewonnenen

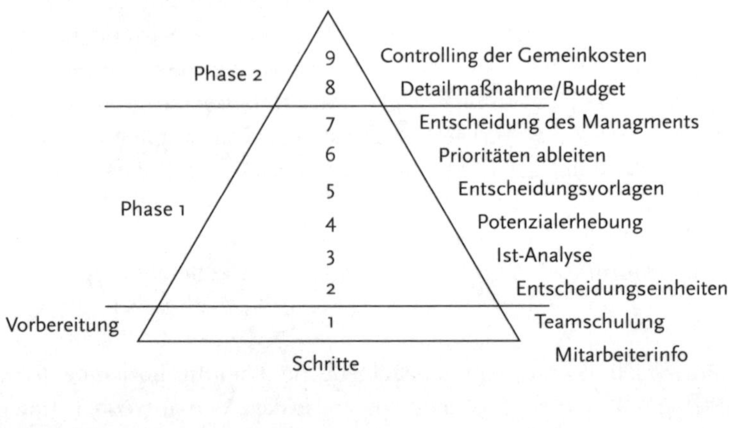

Abb. 16: Die zwei Phasen des Zero Based Budgeting

Ergebnisse müssen ebenfalls von einer breiten Schicht der Führungskräfte getragen werden, da sich im Allgemeinen Änderungen bei betrieblichen Abläufen oder organisatorischen Strukturen nur bei einem breiten Konsens ohne Reibungsverluste realisieren lassen.

Für den grundlegenden Orientierungsrahmen des Zero Based Budgeting ist allein die Unternehmensleitung verantwortlich. Sie muss die strategischen und operativen Zielvorstellungen definieren, die für die Prioritätensetzung und zur Entwicklung von Entscheidungsvorlagen verwendet werden.

Bei der Durchführung des Projektes wird gewöhnlich zwischen zwei Phasen unterschieden, die sich wiederum aus verschiedenen Stufen zusammensetzen.

Zunächst wird das gesamte Unternehmen im Rahmen einer Funktionsanalyse in analysierbare Entscheidungseinheiten gegliedert und bezüglich der derzeit vorhandenen Ziele, Leistungen und Aktivitäten untersucht. Gleichzeitig wird festgelegt, was die einzelnen Leistungen kosten und wer sie empfängt. Eine sorgfältige Funktionsanalyse der Aufgaben und deren Verteilung auf die Mitarbeiter ist wichtig, weil nur so die vorhandenen funktionalen und strukturellen Schwachstellen transparent gemacht werden können, die Ansatzpunkte für Verbesserungsideen liefern. Besonders in großen Unternehmen mit komplexen Organisationsformen ist eine EDV-gestützte Funktionsanalyse im Allgemeinen unumgänglich.

Primär geht es in dieser Phase um das kritische Durchdenken sämtlicher Funktionen in allen Entscheidungseinheiten. Dementsprechend konzentriert sich die Tätigkeit auf das Herausarbeiten der gemeinkostentreibenden Faktoren. Zentrale Fragestellung ist hierbei, wovon die Leistungen und Kosten abhängen, wie sie sich beeinflussen lassen und wie sie verändert werden können. Bei diesen Überlegungen ist nicht nur das kurzfristige, sondern auch das mittel- und langfristige Rationalisierungspotenzial aufzuzeigen. Anschließend wird jede einzelne Leistung daraufhin untersucht, ob sie überhaupt erforderlich ist, in welchem Umfang sie notwendig ist, ob sie auf andere Weise erbracht werden könnte (beispielsweise zentral oder dezentral, manuell oder maschinell, im eigenen Hause oder außer Haus), ob sie wirtschaftlicher durchgeführt werden könnte und ob sie bei anderen (organisatorischen) Rahmenbedingungen effizienter beziehungsweise mit geringerer Durchlaufzeit gestaltet werden könnte.

Der Grundgedanke des Zero Based Budgeting kommt in dieser Phase besonders deutlich zum Ausdruck, denn es werden alle betrieblichen Funktionen noch einmal kritisch durchdacht, so als ob das Unternehmen neu gegründet werden sollte. Es ist daher zwingend erforderlich, dass sich alle Mitarbeiter, die an diesem Projekt beteiligt sind, von gewohnten Denkschablonen freimachen. Hierzu eignen sich beispielsweise methodisch vorbereitete Brainstormings, die auf das kritische Durchdenken sämtlicher Funktionen in allen Entscheidungseinheiten gerichtet sind. Hierfür müssen Brainstorming-Sitzungen allerdings sorgfältig vorbereitet werden und alle Teilnehmer sind nicht nur methodisch, sondern auch fachlich anzuleiten, wie man eine bestimmte Funktion analysiert und welche Kriterien zur Beurteilung dieser Funktion notwendig sind. Gegenstand dieser Sitzungen darf auch nicht nur der Abbau von Leistungen sein, sondern es kann auch um den Aufbau zusätzlicher Leistungen gehen, denn es ist durchaus möglich, neue Entscheidungseinheiten zu bilden, die eine Summe von Leistungen enthalten, die bisher vom Unternehmen überhaupt noch nicht erbracht wurden.

Dann kommt es zur Neuplanung der betrachteten Bereiche entsprechend den einzelnen Ergebnisniveaus. Bei den Ergebnisniveaus handelt es sich um die Summe der Arbeitsergebnisse einer Entscheidungseinheit, die nach Menge und Qualität, Häufigkeit und Pünktlichkeit voneinander unterschieden werden können. Da jede Entscheidungseinheit eine Summe unterschiedlicher Teilaktivitäten und Leistungen enthält, besteht die wichtigste Aufgabe darin, einzelne Arbeitsergebnisse und Leistungen zu einer entscheidbaren Vorlage zu verdichten.

Hierzu werden in der Regel für jede Entscheidungseinheit drei Entscheidungsvorlagen gebildet: eine niedrige, eine mittlere und eine hochwertige. Mit dem niedrigsten Ergebnisniveau wird das absolute Minimum an Arbeitsergebnissen gekennzeichnet, mit denen das Unternehmen gerade noch zu führen ist. Die beiden anderen Ergebnisniveaus kennzeichnen darüber hinausgehende, zusätzliche Arbeitsergebnisse, die allerdings auch zusätzliche Mitarbeiter beziehungsweise zusätzliche Ressourcen erfordern. Daher kann das Ergebnisniveau drei (bei höherer Leistung) auch mehr Ressourcen erfordern als bisher in diesem Bereich eingesetzt wurden.

Anschließend betrachtet man die Arbeitsabläufe und bestimmte Arbeitstechniken, mit denen Leistungen erbracht werden. Dies gilt sowohl innerhalb der Abteilungen beziehungsweise Entscheidungseinheiten als auch bereichsübergreifend. Die Verfahren können von der Qualität, der Menge und/oder den Bereitstellterminen der Arbeitsergebnisse determiniert werden.

Bestimmte Ergebnisniveaus einer Entscheidungseinheit erfordern bestimmte Verfahren und/oder schließen andere aus. Beispielsweise lassen sich im Rahmen der Auftragsabwicklung die Ausgangsrechnungen sowohl manuell als auch maschinell, zentral oder dezentral, im Hause oder außer Haus erstellen.

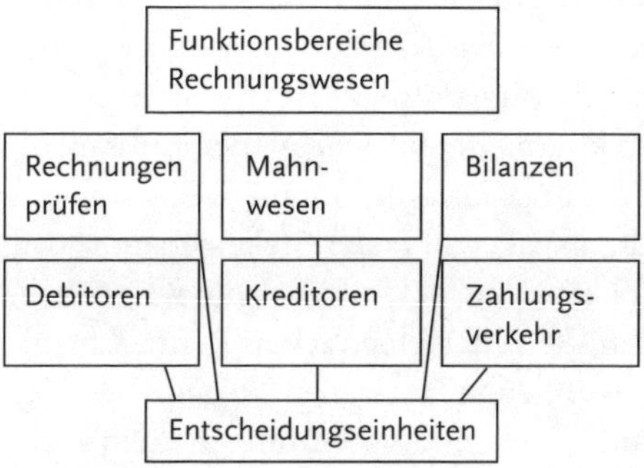

Abb. 17: Einzelne Aufgaben im Bereich Rechnungswesen

Unwirtschaftlichkeiten im Unternehmen resultieren daher nicht nur aus Leistungen und Arbeitsergebnissen, die in dem erbrachten Ausmaß oder in der erbrachten Form überhaupt nicht benötigt werden, sondern beruhen häufig auf unzweckmäßigen Arbeitsabläufen, Arbeitshilfsmitteln und Systemen.

Um Insellösungen und Schnittstellenprobleme zu vermeiden, müssen zur wirtschaftlichen Gestaltung der Leistungserstellung die Systeme und Verfahren insgesamt aufeinander abgestimmt sein. Mängel in diesem Bereich können dazu führen, dass die wichtigen Informations-, Kommunikations- und Steuerungsprozesse gesondert analysiert werden müssen. Das gilt besonders für die Bereiche der Auftragsabwicklung, der Kostenrechnung, der Arbeitsvorbereitung, der Fertigungssteuerung und der Warendistribution.

Daran anschließend werden unterschiedliche Entscheidungspakete erstellt. Dabei handelt es sich um Entscheidungsvorlagen für das Management, welche jeweils die drei Ergebnisniveaus für alle untersuchten Bereiche beschreiben. Basierend auf dieser Entscheidungsgrundlage müssen Leistungsempfänger und Führungsebenen eine Entscheidung fällen, welches Ergebnisniveau unter Kosten- und Nutzenaspekten für das Unternehmen das jeweils zweckmäßigste ist.

Für die Entscheidungsfindung wird dann eine Rangordnung erstellt. Entscheidungspakete enthalten alle Angaben, die von den Führungsebenen zur Bildung von Prioritäten benötigt werden. Das Setzen von Prioritäten beginnt dabei auf der untersten Führungsebene. In allen Bereichen des Unternehmens werden weitgehend parallel sämtliche Entscheidungspakete, die einer Abteilung zugeordnet sind, in eine lückenlose Prioritätenliste eingeordnet. Die für eine Entscheidungseinheit verantwortlichen Mitarbeiter bringen gemeinsam mit ihrem Abteilungsleiter die Entscheidungsvorlagen in eine Reihenfolge, in der das wichtigste Entscheidungspaket an erster Stelle genannt wird und das relativ unwichtigste an letzter Stelle. Um zu einem weit gehenden Konsens zu gelangen, werden die unterschiedlichen Beurteilungen der beteiligten Funktionsverantwortlichen nach den Regeln der Expertenbefragung diskutiert. Die Bildung von Rangordnungen dient auch dazu, die Kommunikation zwischen den unterschiedlichen Führungsebenen und zwischen den Bereichen zu verbessern und das Bewusstsein der verantwortlichen Führungskräfte über Wichtiges und weniger Wichtiges zu schärfen. Ferner ist die Rangordnung erforderlich, um die gesamte Führungshierarchie in den Entscheidungsprozess einzubinden.

Innerhalb der Rangordnung wird daraufhin die Budgetschnittlinie eingezogen. Zuvor gehört es zu den wichtigsten Aufgaben der obersten Führungsebene, die Prioritäten zu prüfen. Das bedeutet, dass für jeden Bereich und für das Unternehmen insgesamt zu definieren ist, wie viel Mittel zur Verfügung zu stellen sind, um ein angemessenes Verhältnis von Leistungen und Kosten zu erreichen.

In der Praxis hat sich die Unternehmensleitung bereits eine bestimmte Vorstellung darüber gemacht, in welchem Ausmaß die Gemeinkosten gesenkt werden sollen (häufig liegt die beabsichtigte Gemeinkostensenkung zwischen 10 und 20 Prozent). Die einzelnen Bereiche sind dann dahingehend zu analysieren, welche Konsequenzen die Budgetschnitte haben beziehungsweise wo der optimale Budgetschnitt gelegt werden kann. Naturgemäß steht hierbei der Wunsch nach Kosteneinsparung in Konkurrenz zu einer möglichst hohen Leistung. Um eine solche Entscheidung kommt eine verantwortliche Führungskraft aber nun einmal nicht herum.

Erst mit dem Vollzug des Budgetschnitts wird festgelegt, in welchen Bereichen wie viele Mitarbeiter tätig sein sollen und welche Mittel den einzelnen Bereichen zur Verfügung stehen.

Sobald mit der Ziehung der Budgetschnittlinie die favorisierten Maßnahmen definiert sind, kommt es zu deren Planung. Den Führungskräften und den betroffenen Mitarbeitern sollte mitgeteilt werden, welche Veränderungen sich aufgrund der getroffenen Entscheidungen ergeben. Diese Veränderungen, die aus dem Budgetschnitt, der Funktionsanalyse, den Verbesserungsvorschlägen oder den veränderten Arbeitsabläufen resultieren können, müssen in konkrete und vor allem kontrollierbare Maßnahmen umgearbeitet werden. Hierbei ist die konstruktive Mitarbeit des Betriebsrats besonders wichtig. Aus diesem Grund ist die Arbeitnehmervertretung auch von Anfang an mit dem Gang der Untersuchung vertraut zu machen.

Da das Zero Based Budgeting aufgrund des hohen zeitlichen und formalen Aufwands nur alle drei bis vier Jahre durchgeführt werden kann, muss ein nachfolgendes Gemeinkosten-Controlling sicherstellen, dass beschlossene Maßnahmen tatsächlich durchgeführt werden. Ferner ist hierdurch eine flexible Anpassung an veränderte Rahmenbedingungen möglich.

Der Vorgang ist extrem kritisch. Existenzängste werden bei den Mitarbeitern frei. Fragen wie »Wird mich diese Alternative meinen Job kosten?« tauchen auf. Streitpotenziale werden frei und im schlimmsten Fall werden Kollegen aus Angst schlecht gemacht.

In Zeiten der Umstrukturierung blüht die Gerüchteküche und sehr viel Energie der Mitarbeiter verpufft dadurch. Damit Sie während dieses Prozesses nicht die gesamte Unternehmenskultur verderben, sollten Sie für die Aufgaben einen externen Moderator einsetzen und eine sehr offene Kommunikation fördern.

Übliche Plan-Ist-Vergleiche helfen dabei zu kontrollieren, ob sich die erwarteten Verbesserungen tatsächlich einstellen.

Prozesskostenplanung mit Activity Based Planning

Im Gegensatz zum Activity Based Costing, das ausgehend von den Kosten die Ressourcen zur Verfügung stellt und damit sowohl Produktion als auch Absatz und dadurch den Unternehmenserfolg bestimmt, geht Activity Based Budgeting vom Markt aus. Die verschiedenen Produkte werden auf ihre Bedeutung für den Unternehmenserfolg hin analysiert. Diejenigen, die zur Verfügung gestellt und im Produktportfolio behalten werden sollten, weil sie aufgrund einer ABC-Analyse als für den Profit des Unternehmens bedeutend erkannt wurden, werden analysiert. Bedeutsam sind die Fragen, welche Aktivitäten werden zur Erstellung der Produkte benötigt und wie viel kosten diese Aktivitäten?

Beispiel

Um die Produkte zum Kunden zu bringen, fällt als Kostentreiber die Aktivität »Lieferung« an. Aktivitäten bei der Lieferung sind die Verpackung der Produkte und die tatsächliche Lieferleistung. Wichtig ist es nun zu verstehen, dass wir nicht analysieren, wie viele Produkte wir aufgrund der gegebenen Ressourcen versenden können, sondern wie viel Ressourcen wir zur Verfügung stellen müssen, um die vom Markt nachgefragte Anzahl bewältigen zu können.

Man ermittelt daher die Anzahl der Fuhren. Um den Unternehmenserfolg zu optimieren, muss man die besten Alternativen finden, wie wir die erforderlichen Ressourcen dem Transport zur Verfügung stellen können. Dazu teilt man diese in nicht beeinflussbare (oder fixe) und beeinflussbare (oder variable) ein. Fixe Ressourcen werden vom Unternehmen selbst vorgegeben und können nicht verändert werden. Das ist zum Beispiel die Auslastung des eigenen Fuhrparks bei Transporten. Ein anderes Beispiel für nicht beeinflussbare Ressourcen wäre die Art der Versendung. Schotter kann zum Beispiel nur per Schiff, Zug oder LKW verschickt werden, nicht aber per Flugzeug.

Variable Ressourcen können zugekauft werden und eigene Möglichkeiten substituieren oder ergänzen. Dadurch werden auch die Kosten für diese Ressourcen variabel, was einen großen Vorteil für die Unternehmensbelastung bedeutet.

Egal nach welcher Methode budgetiert wird, sollte man eine ganz wichtige Größe nicht außer Acht lassen: die Planung der Außenstandsdauer der Forderungen aus Lieferungen und Leistungen. Diese gibt darüber Aufschluss, wie lange man den Umsatz für seine Kunden finanziert. Die Erfolgsrechnung zeigt auf, wie hoch die Zinsbelastung für dieses Darlehen ist. Die Änderung der Außenstandsdauer bedarf einer sehr genauen Planung. Vorgehensweisen müssen besprochen, bewertet und als Aktionsplan für das nächste Jahr verabschiedet werden.

Obwohl also der Planungsinhalt immer umfangreicher werden kann und die gesetzlichen Anforderungen steigen, gibt es eine Reihe von Überlegungen, die von den »Budgetkritikern« gemacht werden. Diese Überlegungen werden in Systemen beschrieben, die sich Wertorientierte Unternehmensführung, Better Budgeting und Beyond Budgeting nennen. In dieser Reihenfolge werden die Ansichten, die in den Konzepten vertreten werden, immer radikaler. Daher beginne auch ich mit der Beschreibung der Wertorientierten Unternehmensführung und komme später zu Better und Beyond Budgeting.

Wertorientierte Unternehmensführung – Value Based Management

Die Diskussion über die Zukunft der mittelständischen Unternehmen wird beherrscht von der Frage der Finanzierung. Durch neue Anforderungen der Banken sind Strategieentwicklung und eben auch die wertorientierte Unternehmenssteuerung zu wichtigen Themen geworden. Die vorwärts gerichtete Betrachtung des zukünftigen Unternehmenswertes erfordert eine plausible Darstellung der betriebswirtschaftlichen und strategischen Erfolgsfaktoren des Unternehmens. Die zentrale Frage des Value Based Managements (VBM) ist: Was ist das Unternehmen wert? Der Wert scheint für börsennotierte Unternehmen leichter zu ermitteln zu sein als für nicht börsennotierte. Meiner Ansicht nach ist das aber nur ein trügerischer Schein. Der Unternehmenswert einer Aktiengesellschaft, die am freien Markt gehandelt wird, ist sogar sehr schwer zu ermitteln. Viele Faktoren, die vom Unternehmen selbst nicht bestimmbar sind, können eine starke Rolle spielen. Denken Sie nur an das »allgemeine Börsenklima« oder »die gute oder schlechte Entwicklung einer ganzen Branche«. Ohne dass das individuelle Unternehmen besser oder schlechter wirtschaftet, verändert sich sein Wert. Egal also, welche Rechtsform ein Unternehmen hat, Kapitalrenditen sind nachhaltig zu erwirtschaften und müssen daher höher ausfallen als die Kapitalkosten. Im Rahmen des Value-Based-Management-Konzeptes gibt es vier Möglichkeiten, den Unternehmenswert zu erhöhen:

- Steigerung der Leistungsrentabilität (Kostensenkung, Preiserhöhungen und Volumensteigerungen),
- Verbesserung der Kapitalproduktivität (Forderungsmanagement oder Verkauf nicht betriebsnotwendigen Anlagevermögens etc.),
- Senkung der Kapitalkosten (kapitalmarktorientierte Ausschüttungspolitik, Optimierung der Finanzierungsstruktur etc.) und
- Optimierung des Portfolios (Wachstumsinvestitionen in Bereiche, in denen die Kapitalrendite nachhaltig über den Kapitalkosten liegt, Desinvestitionen etc.).

Als Steuerungskennzahl zur Bewertung des Unternehmenswertes hat sich der Economic Value Added (EVA) durchgesetzt. Die Kennzahl stellt dem Geschäftsergebnis die Kosten des Eigen- und Fremdkapitals gegenüber, das zur Leistungserbringung eingesetzt werden muss. Solange das Ergebnis die gebundenen Kapitalkosten nicht übersteigt, wird kein Wert geschaffen. Ist der EVA positiv, wird ein »Übergewinn« erzielt, es bleibt also mehr übrig als Kapitalkosten angefallen sind. Die Stärke der EVA-Betrachtung liegt in ihrer Klarheit und Simplizität. Es ist ein verständlicher Wertemaßstab, der beim Management und bei den Mitarbeitern Akzeptanz findet und ergebnisorientiertes Verhalten fördert. Da Value Based Management den unternehmerischen Grundverstand fördern möchte, kommt das Prinzip, neben den Gewinnbeiträgen auch das investierte Kapital zu optimieren, besser zum Tragen als das von anderen Kennzahlen wie die im Kapitel 6 besprochenen Größen ROCE, EBIT oder EBITDA. Reine Gewinngrößen wie EBIT oder EBITDA können auch durch Investitionen gesteigert werden, die die eingesetzten Kapitalkosten nicht erwirtschaften. EVA fördert eine profitable Wachstumsstrategie, da Investitionen mit einem zusätzlichen Wachstumsbeitrag identifiziert werden und diese in der Vergabe von Mitteln begünstigt werden. Daher wird diese Kennzahl bereits in der Planung eingesetzt und dient als Steuerungsgröße für das Investitionsmanagement, das operative Management und die Erfolgsbeurteilung durch laufende Plan-Ist-Vergleiche. Häufig wird der EVA auch zur Berechnung der variablen Vergütung des Managements herangezogen. Dadurch werden führende Mitarbeiter ein Stück weit zu Miteigentümern, die darauf fokussiert sind, den Wert des Unternehmens nachhaltig zu steigern.

Wertorientierte Führung sollte aber nicht nur das Management, sondern auch alle operativen Einheiten befassen. Daher müssen möglichst viele Mitarbeiter eingebunden werden. Die Stellhebel für Wertschaffung müssen von der Unternehmensspitze bis in die kleinste operative Einheit bekannt sein. Daher kommt der Unternehmenskommunikation eine wichtige Bedeutung zu. Hier schließt sich auch wieder der Kreis zu einer optimalen Top-down- und Bottom-up-Budgetierung. Gemeinsam werden im Unternehmen Kennzahlen entwickelt, die durch die Optimierung der entsprechenden Stellhebel verbessert oder verschlechtert werden. Das Management legt fest, wie sich die Kennzahlen zu entwickeln haben. Aber nur die einzelnen Mitarbeiter selbst haben es in der Hand, das Ausmaß ihres Anteils am Gesamterfolg in ihrem eigenen Bereich zu beurteilen und zu budgetieren.

Szenarioplanung

Schon während der Planung wird man mit der Aufgabe konfrontiert, unterschiedliche Szenarien zu beurteilen. Häufig ist man gefordert, ein »Best Case«-, ein »Worst Case-« und ein »Most Likely«-Szenario zu erstellen. Man erstellt also drei unterschiedliche Planungen, wobei ein Szenario die Zukunft sehr optimistisch bewertet, ein zweites eher negativ gefärbt ist und ein drittes den wahrscheinlichsten Verlauf der kommenden Periode wiedergibt. Die Erstellung von Szenarien gewinnt im Wirtschaftsleben immer mehr an Bedeutung, weshalb ich an dieser Stelle kurz auf sie eingehen möchte. Erfolg beruht auf Weitsicht, und es ist schwer, dafür den richtigen Blickwinkel zu finden. Im Gegensatz zu den traditionellen Planungsmethoden wird bei Szenarien nicht versucht, die Zukunft vorauszusagen. Vielmehr geht es darum, sich rechtzeitig auf unterschiedliche Eventualitäten einzustellen. Nehmen wir das Beispiel der Royal Dutch/Shell Group. Schon in den siebziger Jahren rechneten die Planungsspezialisten von Shell mit dem damals noch unwahrscheinlichen Risiko eines plötzlich steigenden Ölpreises. Deshalb war Shell auf die späteren Öl-Preisschocks besser vorbereitet und konnte erfolgreicher reagieren. Die Szenarioplanung ist daher nicht neu. Sie erlebt aber gerade in diesen Zeiten eine Renaissance. Denn Terrorfurcht, Kriegsfieber und Konjunkturschwäche haben die Welt unberechenbar gemacht. Die Firmen greifen daher nach flexibleren Strategiemodellen. Die Planung selbst ist dabei das geringste Problem. Denn dafür gibt es Standards. Im Regelfall werden der Gegenstand des Geschäfts, die Stärken des Unternehmens und das zentrale Thema identifiziert. Danach wird ein Planungsteam gebildet, das sich aus 15 bis 20 Mitgliedern der unterschiedlichsten Fachbereiche zusammensetzt. Diese Arbeitsgruppe ermittelt im Brainstorm-Verfahren interne und externe Schlüsseleinflüsse, gewichtet diese nach Bedeutung und Wahrscheinlichkeit und definiert dann die plausibelsten Leitmotive. Die Leitmotive bilden die Grundlage für die Szenarien. Szenarien sind Abhandlungen, in denen schriftlich niedergelegt ist, wie sich das untersuchte Thema in der Zukunft entfalten könnte. Im nächsten Schritt werden Indikatoren gesucht, die frühzeitig auf das tatsächliche Eintreffen eines bestimmten Szenarios hinweisen. Auf dieser Basis erfolgt dann die Strategieentwicklung. Die meisten Unternehmen hören an dieser Stelle auf, doch ist es unabdingbar, Szenarien ständig zu aktualisieren.

Während kapital- und bestandsaufwändige Unternehmen mit langen Produktzyklen zu den idealen Anwendern der Szenariotechnik zählen, können sich beispielsweise Modefirmen in der unendlichen Vielfalt der Szenarien verirren. Trotz mancher Schwächen ist diese Technik ein sicherheitsförderndes Instrument in unsicheren Zeiten – auch für das Marketing. Szenarien können über die Struktur der Konkurrenz und die Anforderungen der Kunden wertvollen Input liefern.

Die Grenzen der Szenario-Methoden sind dann erreicht, wenn man sie dazu verwendet, sich die Zukunft schön zu reden. Ein Beispiel ist Cisco Systems, der weltweit größte Anbieter von Networking-Lösungen für das Internet. Weil das Unternehmen die Dotcom-Misere gar nicht erst andenken wollte, blieb es in 2001 auf einem Warenbestand in Höhe von 2,5 Milliarden Dollar sitzen. Fazit: Szenarioplanung ist ein anspruchsvoller und aufwändiger Prozess. Wer ihn aber richtig macht, der wird mit einem starken Frühwarn- und Reaktionssystem belohnt.

Nach den Überlegungen zur Szenarioplanung werden zwei Budgetierungsmethoden beschrieben, deren Kern unter anderem eine flexible Planung durch Szenarien ist. Anders als bei einer fixen Budgetplanung, die die Ziele für einen Zeitraum festlegt, werden beim Better Budgeting- und beim Beyond Budgeting-Ansatz jeweils durch Szenarien die bestmöglichen Alternativen für die Unternehmenssteuerung ermittelt. Ziel ist es bei beiden Methoden, den drei wesentlichen Kritikpunkten der klassischen Budgetierung entgegen zu wirken. Demnach soll die Budgetierung aktueller und zeitnaher sein, sie soll weniger Ressourcen zu einem fixen Zeitpunkt binden und sie soll ständig mit der Unternehmensstrategie abgestimmt werden. Einige dieser Probleme lassen sich in vielen Fällen durch Neugestaltung von Prozessen, den Einsatz leistungsfähiger Planungssoftware oder Verwendung anderer Planungsinhalte (beispielsweise qualitativer Größen) eliminieren oder aber zumindest erheblich reduzieren. Allerdings bleibt die Kritik an der fehlenden Orientierung an der Unternehmensstrategie, der starren Periodenfixierung auf zwölf Monate bei unzureichendem Wissen über die weitere Zukunft und der zu geringen Planung von nicht-finanziellen Messgrößen.

Better Budgeting

Die moderatere Weiterentwicklung des Gedankens der pragmatischen Budgetierung ist das Better Budgeting-Modell.

Ziel dieses Konzeptes ist es, die Budgetierung flexibler und einfacher zu gestalten und sie auf die Unternehmensstrategie abzustimmen. Ähnlich wie bei der klassischen Budgetierung wird dabei die Koordinationsfunktion des Budgets beibehalten. Der Prozess an sich soll aber mit stärkerer Unterstützung durch Planungssoftware verkürzt und erleichtert werden. Dezentrale Planung soll vereinfacht werden, um damit Zeit und Raum für analytische Neuplanungen zu gewinnen. Vergütungssysteme sollen dazu führen, dass sich dezentrale Einheiten mehr mit der Planung identifizieren und selbstständig Forecasts und Plan-Ist-Vergleiche erstellen. Zusätzlich wird der Forecast durch unterschiedliche Szenarien ergänzt, um dem Management aufzuzeigen, welche Handlungsspielräume für Entscheidungen vorhanden sind.

Der Ablauf eines Better Budgeting-Prozesses könnte folgendermaßen aussehen: Bereits im zweiten Quartal des Jahres werden Analysen des vergangenen Jahres gemacht und die Zielgrößen (Kennzahlen) für das kommende Jahr entwickelt. Diese bilden den Ausgangspunkt für die Budgetierung. Der Vorteil dabei ist, dass alle dezentralen Einheiten bereits bei Beginn des Budgetierungsprozesses wissen, wie hoch ihr Gestaltungsspielraum bei der Planung ist. Auf Basis dieser Überlegung erstellt jede operative Einheit einen Businessplan für das kommende Jahr. Diese Businesspläne könnten aus Finanzzahlen, aber auch aus qualitativen Teilen bestehen. Diese Teile umfassen das Mission Statement der Abteilung oder aber auch eine Stärken-Schwächen-Analyse des Unternehmensbereiches sowie Strategien zur Erreichung vorgegebener Ziele. Die einzelnen Businesspläne werden direkt in einem modernen Planungstool erfasst. Das zentrale Controlling kann online die Entwicklung der definierten Kennzahlen auf allen Unternehmensebenen sowie die Ergebnisse der Unternehmensbereiche und des Gesamtunternehmens mitverfolgen. Der Planungsprozess wird durch ein modernes Workflow-System unterstützt, das es ermöglicht zu erkennen, wer mit der Planung bereits begonnen hat, welche Einheiten die Planung bereits abgeschlossen haben und bei welchen Unternehmensteilen die Planung akzeptiert wurde. Zusätzlich sollte auch die Kommunikation der einzelnen Teilbereiche unterstützt werden. Je mehr während des Planungsprozesses abgestimmt wird, umso konsistenter sind die Daten, die das Management erhält. Diese Kommunikation kann durch einfachen Mailverkehr, aber auch durch Chats oder durch Videokonferenzen unterstützt werden. Schließlich und endlich propagiert der Better Budgeting-Ansatz ein zeitnahes Vergleichen der Istdaten mit den Plandaten sowie ein ständiges Vorausschauen im Sinne von Forecasts und rollierender Planung. Dadurch bleibt die Planung kein einmaliges Event am Ende des Wirtschaftsjahres, sondern wird eine dauernde Herausforderung für die Controlling-Abteilung.

Beyond Budgeting

Beyond Budgeting ist ein von der internationalen, mitgliedergetriebenen Vereinigung Beyond Budgeting Round Table (BBRT) entwickeltes Managementmodell. Es handelt sich um eine Alternative zum tayloristischen Führungs- und Steuerungsmodell des 20. Jahrhunderts. Die funktionale Aufbauorganisation, die nach dem traditionellen Modell von Kommando und Kontrolle führt, und die Bürokratisierungstendenz sind den Anforderungen des 21. Jahrhunderts – hohe Umfelddynamik und Komplexität – immer weniger gewachsen. Das unternehmerische Umfeld fordert extreme Flexibilität und Potenzial zu zeitnahen Anpassungen an sich schnell ändernde Rahmenbedingungen.

Beyond Budgeting ist entstanden als innovatives betriebswirtschaftliches Modell, das den Wandel weg vom Management mit fixiertem Leistungsvertrag mittels Budgetvorgaben und anderen fixierten Zielen hin zu einer motivierten, dynamischen Unternehmensführung lenken will. Das Modell verlangt die Einstellung, danach zu trachten, von einer festen zu einer dynamischen Sicht der Welt zu kommen. Der Wandel geht dabei mit einer Abkehr von traditionellen Formen des Controlling, mit radikaler Dezentralisierung von Entscheidung und der Implementierung hochgradig dynamischer und kontinuierlicher Prozesse, einher.

Das Managementmodell Beyond Budgeting macht seit 1998 vor allem deswegen Furore, weil es die vollständige Abschaffung von Budgetierung und Budgetsteuerung fordert. Die im Kommando-und-Kontroll-Modell der Unternehmenssteuerung übliche jährliche Planung fixierter Zielvorgaben mit ihrer zu starren und inflexiblen Struktur soll überwunden und der Fokus auf zukunftsorientiertes, anpassungsfähiges Handeln gelegt werden. Der Verzicht auf Budgets und Budgetierung bildet jedoch nicht das Herz des Modells. Vielmehr sind Budgets gleichzeitig Symptom und Stützpfeiler des obsoleten, tayloristischen Steuerungsmodells. Budgets abzuschaffen bedeutet nach dem amerikanischen Management-Professor Charles Horngren, das gesamte Modell von Steuerung und Führung einer Organisation zu hinterfragen und zu verändern. Es ist diese Veränderung, die Organisationen aller Art mit Hilfe des Beyond Budgeting-Ansatzes anstreben sollten. Das bedeutet gleichzeitig, dass es Change Management Projekte braucht, um diese Umstrukturierung gezielt und systematisch voranzutreiben.

Letztendlich möchte das von Beyond Budgeting propagierte Managementmodell Lösungen für die Entwicklung neuer Management- und Führungsprinzipien, aber auch für die Entwicklung eines neuen Management- und Führungssystems bereitstellen. Dazu werden zwei Gestaltungselemente definiert, die wiederum in jeweils sechs Prinzipien unterteilt sind.

Das erste Gestaltungselement betrifft neue Management- und Führungsprinzipien, die auf einer radikalen Dezentralisierung von Entscheidungen basieren. Diese »Rückgabe« von Entscheidungskompetenzen an marktnah operierende Mitarbeiter soll das kreative Potenzial, das dem Unternehmen zum Aufbau nachhaltiger Wettbewerbsvorteile zur

Verfügung steht, abrufen. Am Ende dieses Dezentralisierungsprozesses steht entsprechend dem Beyond Budgeting-Modell eine netzartige, weitgehend hierarchiefreie Organisationsform.

Das zweite Gestaltungselement fordert hochgradig flexible, adaptive Managementprozesse, die markt- und kundenorientiertes Handeln erlauben und nicht wie die Budgetierung auf festen Zielen und fixierten Budgets basieren. So sollen laufende Anpassungen an Umfeldbedingungen und Kundenanforderungen möglich werden.

Für die Dimension der Dezentralisierung gibt es sechs Prinzipien, die ein neues Denken in die Unternehmenskultur bringen und weitere sechs, die sich auf den Managementprozess beziehen.

Die erste Gruppe der Prinzipien beschreibt das neue Miteinander in Unternehmen, die nach den Regeln des Beyond Budgeting-Ansatzes erfolgreich operieren wollen. Zuerst werden gemeinsame Werte definiert und dezentralen Managern eine große Entscheidungsfreiheit eingeräumt. Es wird auch die Teamleistung stärker betont als die Leistung von einzelnen Mitarbeitern. So sollen dezentrale Einheiten schneller auf neue Entwicklungen reagieren und etwaige Chancen besser nutzen können. Damit eng verbunden ist das zweite Prinzip des Empowerment dezentraler Manager. Das bedeutet, dass sie nicht nur über Entscheidungsfreiheit verfügen, sondern auch notwendige Ressourcen zur Verfügung gestellt bekommen. So soll jedes Profitcenter und jede Einheit im Unternehmen zur eigenen Firma werden. Zur Sicherstellung der Managementfähigkeiten muss sich die Personalauswahl auf Mitarbeiter konzentrieren, die nach diesem offenen Führungsstil arbeiten wollen und können. Die Vergabe von Entscheidungskompetenzen erfordert von der Unternehmensleitung einen Vertrauensvorschuss in die Fähigkeiten der Mitarbeiter und die Bereitschaft, Fehler zu akzeptieren. Diese geforderte Managementstruktur führt zur logischen Konsequenz, dass es dezentrale Ergebnisverantwortung gibt. Das beschreibt das dritte Prinzip. Diese Ergebnisverantwortung wird dabei in Relation zur Konkurrenz gemessen. Es gibt also keine hierarchische Vorgabe in Bezug auf Budgets, die dezentralen Einheiten müssen lediglich besser als der jeweilige Wettbewerber sein. Das vierte Prinzip beschreibt die Unternehmensstruktur. Diese ist nicht mehr hierarchisch, sondern – der Konsequenz der ersten drei Prinzipien folgend – netzwerkartig organisiert. Das Fehlen von Hierarchien und Vorgaben im Sinn von internen Budgets gekoppelt mit der netzwerkartigen Organisation führt konsequenterweise auch dazu, dass die einzelnen Bereiche im Unternehmen wie auf dem freien Markt agieren können. Diese Vorgabe wird im Prinzip fünf festgelegt.

Dieses Prinzip der marktähnlichen Koordination tritt an die Stelle der Budgets. Es bedeutet, dass man beispielsweise nicht Skaleneffekte beim Einkauf erreichen möchte, sondern dass jeder Unternehmensteil sich auf einem internen Markt behaupten muss. Man konkurriert dabei auch mit externen Anbietern und muss daher immer das beste – wettbewerbsfähige – Angebot offerieren können, um interne und externe Kunden zufrieden zu stellen. Die Idee dahinter ist, dass interne und externe Vergleiche der Leistung einer Organisationseinheit den Ehrgeiz und die Motivation der Mitarbeiter fördert. Sie kämpfen nämlich nicht um die Erfüllung von Budgets, die ihnen aufgrund von Prognosen und Planungen vorgegeben wurden, sondern sehen ihre tatsächliche Leistung im Vergleich zu anderen. Bei den internen Leistungsvergleichen ist es wesentlich, den Wettbewerb zwischen den Organisationseinheiten zu fördern, ohne aber eine Konkurrenzsituation zu schaffen. Die Zusammenarbeit und der Informationsaustausch der Teileinheiten müssen trotz des Wettbewerbs gewährleistet sein. Leistungsfähige, ehrliche und offene Informationssysteme schaffen Transparenz und müssen allen Mitarbeitern als Entscheidungsgrundlage zur Verfügung stehen.

Prinzip sechs geht näher auf die Art der Unternehmensführung ein. Hier wird der Ansatz des Coaching und Challenging in den Mittelpunkt gestellt. Dezentralen Managern werden die erforderlichen Werkzeuge (Risikomanagement, Informationssysteme) an die Hand gegeben, und in Schulungen zur Mitarbeiterführung werden sie in die Lage versetzt, ihre Mitarbeiter im Sinn des Beyond Budgeting zu leiten.

Die sechs zusätzlichen Regeln beschreiben nun wie der optimale Steuerungsprozess nach den Gedanken des Beyond Budgeting aussehen soll. Das erste dieser Prinzipien besagt, dass die Manager relative Zielvorgaben erhalten. Das bedeutet, dass sie immer in Beziehung zu ihrer unmittelbaren Konkurrenz bewertet werden. Die Manager bekommen durch die ersten sechs Prinzipien alle Freiheiten und Fertigkeiten zur Verfügung gestellt, um schnell und konsequent auf jede Marktänderung in ihrem speziellen Umfeld zu reagieren. Das zweite Prinzip bezüglich des Steuerungsprozesses beschreibt die Strategieentwicklung. Diese erfolgt nicht nur einmal im Jahr und auch nicht top-down, sondern es wird laufend durch die dezentralen Einheiten überprüft, ob die Strategie aufgrund der dezentralen Erkenntnisse noch relevant ist. Im dritten Prinzip wird diese Regel um die rollierenden Prognosen erweitert. Durch diese Prognosen können dezentrale Manager ihr Handeln kontinuierlich an die neuen Rahmenbedingungen anpassen. Aus diesen drei ersten Prinzipien leitet sich konsequenterweise die vierte Regel ab. Diese beschreibt, dass dezentrale Manager frei in der Ressourcenallokation sind. Das bedeutet, dass niemand verpflichtet ist, zentrale Dienste in Anspruch zu nehmen beziehungsweise sie zu bezahlen, wenn es am Markt günstigere Alternativen gibt. Das Prinzip der Selbstkontrolle, das als fünfte Regel angeführt wird, beschreibt, wie das zentrale und das dezentrale Management im Fall von negativen Abweichungen reagieren soll. Hier steht nicht die zentrale Überwachung im Vordergrund, sondern eher eine Unterstützungsfunktion, die das zentrale Management ausüben soll, sobald es von dezentralen Einheiten dazu aufgefordert wird. Zu guter Letzt wird im Prinzip sechs beschrieben, auf welcher Basis die Vergütung erfolgen soll. Wie zu erwarten ist, handelt es sich dabei um eine relative, teamorientierte Art der Bezahlung. Damit es zu keiner Manipulation der Prognosen kommt, um einen möglichst guten Plan-Ist-Vergleich zu erreichen, wird die Vergütung aus einer Ex-post-Sicht berechnet.

Der Beyond Budgeting-Ansatz ist eine interessante Sammlung von einzelnen Maßnahmen, die nicht neu sind, aber in ihrer Kombination einen radikalen Ansatz ergeben. Wie sehr dieser Ansatz sich in Mitteleuropa wegen der oben genannten gesetzlichen und bankeninternen Bestimmungen durchsetzen kann, ist fraglich. Beyond Budgeting setzt für die externen Investoren ein hohes Vertrauen in die Wirtschaftlichkeit von Unternehmen voraus. Die Kommunikation und der Respekt innerhalb des zentralen und dezentralen Managementteams und die Fähigkeit, mit Krisen umzugehen, müssen extrem hoch sein. Das Modell setzt voraus, dass es wenig Unternehmenspolitik gibt und alle an einem Strang ziehen. Diese Voraussetzungen mögen in kleineren Unternehmen gegeben sein – fraglich bleibt, wie es damit in Konzernen aussieht.

Better Budgeting und Beyond Budgeting ähneln sich im Hinblick darauf, dass beide

- eine verstärkte (beziehungsweise bei Beyond Budgeting strikte) Dezentralisierung,
- eine Marktorientierung (unter anderem über Zielvorgaben relativ zum Wettbewerb anstelle klassischer, absoluter und intern orientierter Ziele),

- einen ständig andauernden Prognoseprozess mit Szenarien und Forecasts anstelle von Hochrechnungen auf das Jahresende,
- Selbstkontrolle sowie
- verstärkt team- oder gesamtunternehmensorientierte Anreize fordern.

Beyond Budgeting klingt und versteht sich als revolutionär. Mit der Budgetierung will es ein System abschaffen, das auf eine lange Geschichte zurückblicken kann und integraler Bestandteil der Planungs- und Steuerungsprozesse nahezu jedes Unternehmens ist. Seine grundsätzliche Eignung zur Unternehmenssteuerung hat das Modell aufgrund einer ausreichend großen Zahl von Fallbeispielen bewiesen. Die Einführung dauert jedoch vergleichsweise lange, und es vergeht auch oft viel Zeit, bis es zu Verbesserungen kommt. Auch verursacht die Implementierung des Modells relativ hohe Kosten, weshalb es in der Praxis zunehmend verworfen wird. Die Stärke von Beyond Budgeting liegt meines Erachtens in seiner Radikalität, die bewirkt, dass eingefahrene Gedankenmuster und Prozesse kreativ überdacht werden.

Die neuen Modelle Better Budgeting und Beyond Budgeting haben dabei vor allem eine Diskussion über die Möglichkeit ausgelöst, nicht auf absolute Ziele abzustellen, sondern auf relative Ziele zurückzugreifen. Unternehmen orientieren sich am Benchmark gegenüber den Wettbewerbern.

Relative versus Absolute Ziele

Ziele und Zielvorgaben sind zentrale Elemente jeder Budgetierung, weshalb das Thema an dieser Stelle näher betrachtet werden soll. Die in der Praxis häufiger diskutierte Fragestellung, inwieweit die Mitarbeiter an der Zielfestlegung mitwirken sollen und welcher Grad dabei optimal ist, gehört genauso zu diesem Thema wie die »motivationsoptimale« Zielhöhe oder aber die Gestaltung der Kontrolle der Zielerreichung.

Zusätzlich wird durch die Modelle Better und Beyond Budgeting ein weiterer Aspekt in der Zielermittlung in den Fokus gerückt, der bisher weniger besprochen wurde, nämlich die Orientierung an relativen, benchmarkorientierten (zum Beispiel an der Branche, dem besten Wettbewerber oder aber auch den Ergebnissen anderer interner Unternehmenseinheiten orientierten) Zielen anstelle der in der klassischen Budgetierung vorrangigen absoluten, internorientierten Zielvorgaben. Dabei stellt sich vor allem die Frage, welche die bessere Alternative ist, um eine maximale motivierende Wirkung für die Zielempfänger zu erreichen und damit diese ihre volle Leistungsfähigkeit zur Zielerreichung einsetzen. Zusätzlich spielen natürlich auch die potenziellen Kosten bei der Beurteilung der Alternativen über die Zielbildung eine bedeutende Rolle. Es soll daher auf die beiden Bereiche Motivation und Kosten näher eingegangen werden.

Motivierende Wirkung

Die Motivationsstärke hängt von unterschiedlichen Einflussfaktoren ab. Im Allgemeinen sind das die Zielhöhe, die Akzeptanz des Ziels durch den Mitarbeiter, die Exaktheit des Ziels und die Verpflichtung zu einem Ziel.

Eine optimale Zielhöhe ist dann gegeben, wenn Mitarbeiter an ihre subjektiven Grenzen stoßen. Zu einfache Ziele sind demnach genauso wenig motivierend wie zu hohe. Realistische und fordernde Ziele spornen Akteure zu Bestleistungen an. Es scheint also auf den ersten Blick, dass sich sowohl bei relativen als auch bei absoluten Zielen eine optimale Zielhöhe ermitteln lässt. Man muss allerdings beachten, dass die Gegebenheiten, die ein Ziel realistisch und fordernd machen, sich ständig ändern können. Das bedeutet für die Vorgabe eines absoluten Zieles, dass es in einem sich ständig ändernden Umfeld zu einem unrealistischen, zu hohen und dadurch nicht motivierenden Ziel werden kann. Ist zum Beispiel die Vorgabe eines Umsatzwachstums von 10 Prozent in einer Boomphase eine konservative Erwartung, kann sie im Fall einer abrupten Marktverschlechterung eine außerordentliche Leistung darstellen, während das ursprüngliche Ziel für die Budgetverantwortlichen völlig unrealistisch wird. Absolute Ziele stellen in einer sich schnell ändernden Umwelt keine konstanten Zielhöhen sicher. Sie können bei positiven externen Effekten sogar hinderlich für wirtschaftliche Verbesserungen sein. In diesem Fall sind relative Ziele besser, weil sie sich der Umweltentwicklung automatisch anpassen. Das Ziel, eine bessere Umsatzentwicklung zu haben als der Durchschnitt der Branche, behält seine motivierende Wirkung sowohl im Aufschwung als auch im Abschwung. Die Gefahr ist geringer, dass ein vereinbartes, relatives Ziel in einen aus Motivationssicht zu einfachen oder zu schwierigen Bereich kommt.

Was die Akzeptanz von relativen Zielen betrifft, so kann man davon ausgehen, dass diese höher ist als bei absolut formulierten Zielen. Dahinter steht folgende Überlegung: In einer sich ständig ändernden Umwelt kann ein Verantwortlicher den Erfolg seines Bereiches durch sein Handeln nur bedingt beeinflussen. Bei der Vorgabe von absoluten Zielen kann es dazu kommen, dass sich Budgetverantwortliche im Fall von Veränderungen »machtlos« fühlen, aber die Konsequenzen eines schlechteren Ergebnisses tragen müssen. Die Gesamtabweichung in einem Bereich kann beispielsweise verursacht sein durch eine Kombination aus Verbrauchs-, Preis- und Beschäftigungsabweichung. In der Regel kann dem Budgetverantwortlichen lediglich die Verbrauchsabweichung angelastet werden, weil die anderen beiden Abweichungen auf externe Einflussfaktoren zurückgeführt werden können. Durch eine relative Zielplanung können im Idealfall Auswirkungen von komplexen und dynamischen Umweltveränderungen weg von den einzelnen Akteuren hin zur Organisation als Ganzes verlagert werden. Die Budgetverantwortlichen bleiben lediglich verantwortlich für die von ihnen zu beherrschenden Faktoren. Dadurch werden relative Ziele für die Mitarbeiter beherrschbarer und leichter zu akzeptieren. Dadurch werden sie im Unternehmen auch leichter durchsetzbar.

Kosten

Als zweites Element zur Beurteilung der Vorteilhaftigkeit relativer entgegen absoluter Ziele soll an dieser Stelle die Effizienz der Zielsetzungsarten beleuchtet werden. Von einem effizienten Zielbildungsprozess kann dann gesprochen werden, wenn ein bestimmtes Maß an Motivation mit geringem Ressourcenverbrauch realisiert wird. Die Frage ist demnach: Erreichen Mitarbeiter absolute oder relative Ziele mit weniger Einsatz? Dieser Einsatz bestimmt das Maß an Effizienz der Zielerreichung. Um einen Unterschied bei den beiden Herangehensweisen aufzeigen zu können, ist es nötig, dass die zur Erfüllung der Ziele erforderlichen Erfolge den einzelnen Budgetverantwortlichen möglichst genau zugerechnet werden können, damit der jeweilige Zielerreichungsgrad und der Fortschritt dabei ermittelt werden kann.

Geht man nun davon aus, dass Budgetverantwortliche Ziele nur dann akzeptieren, wenn sie selbst den Maßstab akzeptieren, mit dem die relativen Ziele verglichen werden, wird der Aufwand höher als bei der absoluten Zieldefinition. Bei relativen Zielen gibt es zwei Dimensionen für den Vergleich – eine inhaltliche und eine zeitliche. Eine inhaltliche Vergleichbarkeit ist nur dann gegeben, wenn Benchmarks oder Leistungen der Konkurrenten sich auf den gleichen Betrachtungsgegenstand beziehen, in der gleichen Verdichtung vorliegen und die gleiche Genauigkeit aufweisen. Die zeitliche Dimension setzt voraus, dass sowohl die Erhebungszeitpunkte als auch die Erhebungszeiträume der Referenzgrößen identisch sind.

Wenn man diese beiden Bedingungen herstellen möchte, um relative Ziele vergleichbar zu machen, ist der Aufwand enorm. Anders bei absoluten Zielen. Die sind jederzeit und sehr einfach vergleichbar, weil sie für eine definierte Periode fixiert sind.

Zusammenfassend lässt sich sagen, dass eine relative Zielfindung die Motivation bei den Mitarbeitern steigert. Der Vorteil der Unternehmensführung über absolute Ziele liegt in der effizienteren Erstellung der Abweichungsanalysen. In Branchen mit niedriger Komplexität und Dynamik scheint der Einsatz absoluter Ziele effizienter. Bei höherer Dynamik innerhalb einer Branche bieten relative Ziele eine aus dem Blickwinkel der Effektivität bessere Lösung.

Ein Ziel dieses Buches ist es, die aktuellen Trends aufzuzeigen, aber nicht, sie weitergehend zu vertiefen.

Im kommenden Abschnitt wenden wir uns der integrierten Planung zu.

7
Integrierte Planung

Integrierte Planung bedeutet in den kommenden Überlegungen nicht, dass ein Unternehmen im Sinn von Kostenstellen, Bereichen, Kostenarten oder Erlösen integriert geplant wird – das wird im Kapitel 3 »Budgetierungsprozess« beschrieben –, sondern dass betriebswirtschaftlich integriert geplant wird. Es wird der Ansatz der integrierten Erfolgs-, Liquiditäts- und Bilanzplanung beschrieben.

Die Gewinn- und Verlustrechnung in der Grafik (links) ist der Ausgangspunkt der Betrachtung. Ihr Ergebnis (Ergebnis nach Steuern) wird übergeleitet in eine Liquiditätsbetrachtung (Kapitalflussrechnung oder direkter/indirekter Finanzplan), an deren Ende der effektive Bedarf oder Überschuss eines Unternehmens bezogen auf die betrachtete Periode steht. Durch die Angaben der Eröffnungsbilanz bildet sich aus dieser Be-

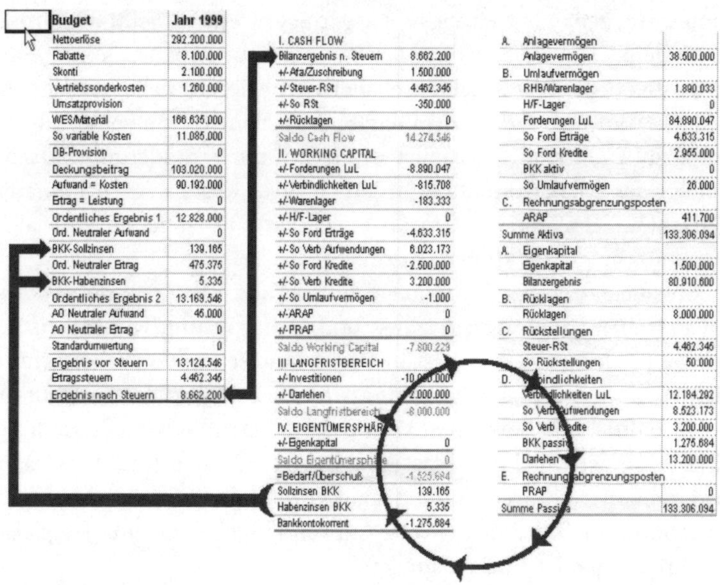

Budget	Jahr 1999
Nettoerlöse	292.200.000
Rabatte	8.100.000
Skonti	2.100.000
Vertriebssonderkosten	1.260.000
Umsatzprovision	
WES/Material	166.635.000
So variable Kosten	11.085.000
DB-Provision	0
Deckungsbeitrag	103.020.000
Aufwand = Kosten	90.192.000
Ertrag = Leistung	0
Ordentliches Ergebnis 1	12.828.000
Ord. Neutraler Aufwand	0
BKK-Sollzinsen	139.165
Ord. Neutraler Ertrag	475.375
BKK-Habenzinsen	5.335
Ordentliches Ergebnis 2	13.169.546
AO Neutraler Aufwand	45.000
AO Neutraler Ertrag	0
Standardumwertung	0
Ergebnis vor Steuern	13.124.546
Ertragssteuern	4.462.346
Ergebnis nach Steuern	8.662.200

I. CASH FLOW	
Bilanzergebnis n. Steuern	8.662.200
+/-Afa/Zuschreibung	1.500.000
+/-Steuer-RSt	4.462.346
+/-So RSt	-350.000
+/-Rücklagen	0
Saldo Cash Flow	14.274.546
II. WORKING CAPITAL	
+/-Forderungen LuL	-8.890.047
+/-Verbindlichkeiten LuL	-815.708
+/-Warenlager	-183.333
+/-H/F-Lager	0
+/-So Ford Erträge	-4.633.315
+/-So Verb Aufwendungen	6.023.173
+/-So Ford Kredite	-2.500.000
+/-So Verb Kredite	3.200.000
+/-So Umlaufvermögen	-1.000
+/-ARAP	0
+/-PRAP	0
Saldo Working Capital	-7.800.229
III LANGFRISTBEREICH	
+/-Investitionen	-10.[illegible].000
+/-Darlehen	[illegible]2.000.000
Saldo Langfristbereich	-8.000.000
IV. EIGENTÜMERSPHÄR[illegible]	
+/-Eigenkapital	0
Saldo Eigentümersph[illegible]e	0
=Bedarf/Überschuß	-1.525.684
Sollzinsen BKK	139.165
Habenzinsen BKK	5.335
Bankkontokorrent	-1.275.684

A.	Anlagevermögen	
	Anlagevermögen	38.500.000
B.	Umlaufvermögen	
	RHB/Warenlager	1.890.033
	H/F-Lager	0
	Forderungen LuL	84.890.047
	So Ford Erträge	4.633.315
	So Ford Kredite	2.955.000
	BKK aktiv	0
	So Umlaufvermögen	26.000
C.	Rechnungsabgrenzungsposten	
	ARAP	411.700
Summe Aktiva		133.306.094
A.	Eigenkapital	
	Eigenkapital	1.500.000
	Bilanzergebnis	80.910.600
B.	Rücklagen	
	Rücklagen	8.000.000
C.	Rückstellungen	
	Steuer-RSt	4.462.346
	So Rückstellungen	50.000
D.	[illegible]bindlichkeiten	
	Verb[illegible]lichkeiten LuL	12.184.292
	So Verb [illegible]ufwendungen	8.523.173
	So Verb [illegible]edite	3.200.000
	BKK passi[illegible]	1.275.684
	Darlehen	13.200.000
E.	Rechnung[illegible]abgrenzungsposten	
	PRAP	0
Summe Passi[illegible]a		133.306.094

Das 1x1 des Budgetierens. Peter Stark

ISBN: 3-527-50133-9

trachtung automatisch die Bilanz. Einerseits werden die Konten aus dem Finanzplan mit Veränderungen versehen (vgl. vor allem den Bereich »Working Capital«), andererseits werden die Positionen Bankkonto aus der Liquiditätsrechnung (Buchungssatz: Bedarf/Überschuss an Bankkonto) und Bilanzergebnis aus der Gewinn- und Verlustrechnung (Buchungssatz: Bilanzergebnis Gewinn- und Verlustrechnung an Bilanzergebnis Bilanz) gefüllt. Im folgenden Beispiel mit den entsprechenden Grafiken wird aufgezeigt, dass die Betrachtung der Liquidität weit bedeutender als das reine Umsatzdenken ist. Unternehmen gehen nicht daran zugrunde, dass sie Umsatz machen, sondern vielmehr daran, dass sie illiquide sind. Wie das passieren kann, wird in den nächsten Zeilen beschrieben.

Ausgangspunkt jeder Planung ist die Abbildung einer Gewinn- und Verlustrechnung. Die leitet sich ab aus einer Planung des Umsatzes (meist Mengen- und Preisplanung), der umsatzabhängigen Kosten und fixen Strukturkosten des Unternehmens.

Die Umsatzplanung orientiert sich in aller Regel an Produkten, Dienstleistungen oder Projekten. Sie sollte mehrstufig sein und in der Summe aller Einzelplanungen den Unternehmensumsatz ergeben.

Die umsatzabhängigen Kosten sind dabei jene Positionen, die mit dem Umsatz schwanken und bei höherem Umsatz auch höheren Aufwand verursachen beziehungsweise geringer werden, wenn der Umsatz zurückgeht. Das sind vor allem der Wareneinsatz, Rabatte, Skonti, Transportkosten oder auch variable Gehaltskosten wie Vertriebsprovisionen.

Strukturkosten erkennt man daran, dass sie nicht von heute auf morgen abzubauen sind. Zusätzlich sind zu ihrer Veränderung Entscheidungen des Managements erforderlich. Fixe Kosten fallen monatlich konstant an, egal wie viel Umsatz erzielt wird. Dazu gehören vor allem Personalkosten oder Mieten.

Daneben unterscheidet man noch aufgrund der Zahlungswirksamkeit zwischen zahlungswirksamen und nicht zahlungswirksamen Kosten. Diese Unterscheidung ist in Bezug auf die Liquiditätsbetrachtung wichtig. Während nämlich zahlungswirksame Kosten den Gewinn und die Liquidität gleichermaßen vermindern, verringern nicht zahlungswirksame Kosten lediglich das Ergebnis vor Steuern. Ihre Auswirkung ist rein bilanztechnisch und hat – außer über die Steuern – keine Auswirkung auf die Liquidität. Solche Aufwendungen sind zum Beispiel die Abschreibung oder Rückstellungen.

Beispiel einer Gewinn- und Verlustrechnung

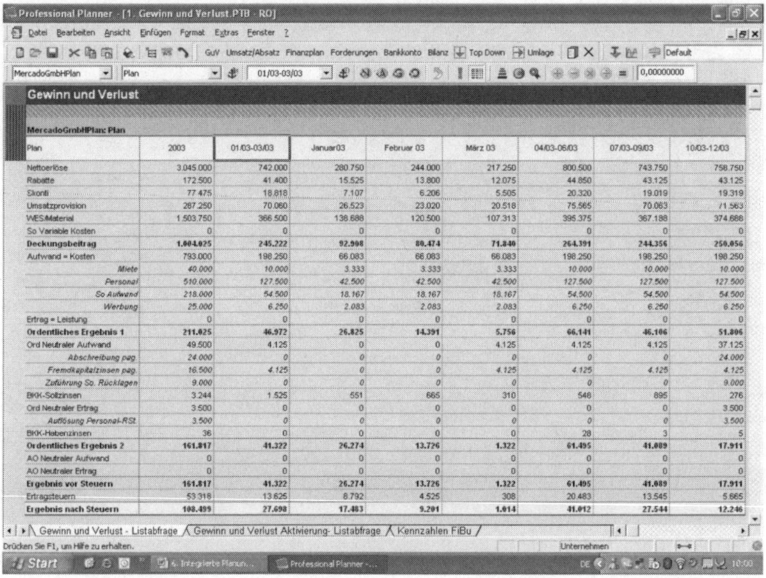

Gewinn und Verlust

MercadoGmbHPlan: Plan

Plan	2003	01/03-03/03	Januar03	Februar 03	März 03	04/03-06/03	07/03-09/03	10/03-12/03
Nettoerlöse	3.045.000	742.000	280.750	244.000	217.250	800.500	743.750	758.750
Rabatte	172.500	41.400	15.525	13.800	12.075	44.850	43.125	43.125
Skonti	77.475	18.818	7.107	6.206	5.505	20.320	19.019	19.319
Umsatzprovision	287.250	70.060	26.523	23.020	20.518	75.565	70.063	71.563
WES/Material	1.503.750	366.500	138.688	120.500	107.313	395.375	367.188	374.688
So Variable Kosten	0	0	0	0	0	0	0	0
Deckungsbeitrag	**1.004.025**	**245.222**	**92.908**	**80.474**	**71.840**	**264.391**	**244.356**	**250.056**
Aufwand = Kosten	793.000	198.250	66.083	66.083	66.083	198.250	198.250	198.250
Miete	*40.000*	*10.000*	*3.333*	*3.333*	*3.333*	*10.000*	*10.000*	*10.000*
Personal	*510.000*	*127.500*	*42.500*	*42.500*	*42.500*	*127.500*	*127.500*	*127.500*
So Aufwand	*218.000*	*54.500*	*18.167*	*18.167*	*18.167*	*54.500*	*54.500*	*54.500*
Werbung	*25.000*	*6.250*	*2.083*	*2.083*	*2.083*	*6.250*	*6.250*	*6.250*
Ertrag = Leistung	0	0	0	0	0	0	0	0
Ordentliches Ergebnis 1	**211.025**	**46.972**	**26.825**	**14.391**	**5.756**	**66.141**	**46.106**	**51.806**
Ord Neutraler Aufwand	49.500	4.125	0	0	4.125	4.125	4.125	37.125
Abschreibung pag.	*24.000*	*0*	*0*	*0*	*0*	*0*	*0*	*24.000*
Fremdkapitalzinsen pag.	*16.500*	*4.125*	*0*	*0*	*4.125*	*4.125*	*4.125*	*4.125*
Zuführung So. Rücklagen	*9.000*	*0*	*0*	*0*	*0*	*0*	*0*	*9.000*
BKK-Sollzinsen	3.244	1.525	551	665	310	548	895	276
Ord Neutraler Ertrag	3.500	0	0	0	0	0	0	3.500
Auflösung Personal-RSt.	*3.500*	*0*	*0*	*0*	*0*	*0*	*0*	*3.500*
BKK-Habenzinsen	36	0	0	0	0	28	3	5
Ordentliches Ergebnis 2	**161.817**	**41.322**	**26.274**	**13.726**	**1.322**	**61.495**	**41.089**	**17.911**
AO Neutraler Aufwand	0	0	0	0	0	0	0	0
AO Neutraler Ertrag	0	0	0	0	0	0	0	0
Ergebnis vor Steuern	**161.817**	**41.322**	**26.274**	**13.726**	**1.322**	**61.495**	**41.089**	**17.911**
Ertragsteuern	53.318	13.625	8.792	4.525	308	20.483	13.545	5.665
Ergebnis nach Steuern	**108.499**	**27.698**	**17.483**	**9.201**	**1.014**	**41.012**	**27.544**	**12.246**

In einer integrierten Betrachtung führt der geplante Umsatz nun zu Forderungen aus Lieferungen und Leistungen, außer der Umsatz wird bar bezahlt. Genauso führt beispielsweise der Einkauf von Material oder von Waren zu Verbindlichkeiten aus Lieferungen und Leistungen. Je nachdem wie schnell ein Unternehmen seine Lieferanten bezahlt, wird der Aufbau größer oder geringer sein. Es zeigt sich hier aber bereits: Die finanzielle Sicherheit eines Unternehmens wird bestimmt durch die Zahlungsmoral der Kunden beziehungsweise durch die eigene. Dazu ein Beispiel:

Ein Unternehmen plant pro Monat einen Umsatz von 100 000 Euro. Dazu werden monatlich Waren für 40 000 Euro eingekauft. Die Kunden bezahlen im Schnitt mit einem Zahlungsziel von vier Monaten, während die Lieferanten monatlich bezahlt werden. Betrachtet man die Gewinn- und Verlustrechnung, ergibt sich das Bild eines soliden Unternehmens, das monatlich einen Deckungsbeitrag von 60 000 Euro erwirtschaftet.

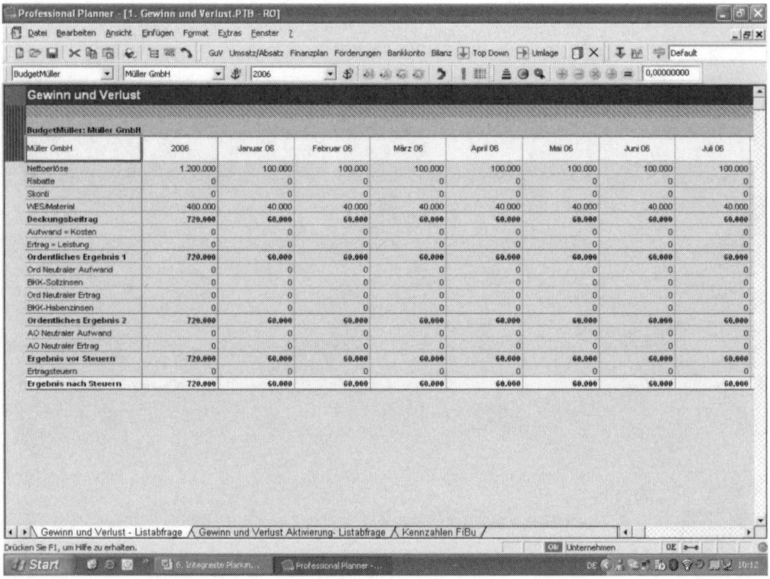
Professional Planner - [1. Gewinn und Verlust.PTB - RO]
Gewinn und Verlust
BudgetMüller: Müller GmbH
Müller GmbH
2006
Januar 06
Februar 06
März 06
April 06
Mai 06
Juni 06
Juli 06
Nettoerlöse
Rabatte
Skonti
WES/Material
Deckungsbeitrag
Aufwand = Kosten
Ertrag = Leistung
Ordentliches Ergebnis 1
Ord Neutraler Aufwand
BKK-Sollzinsen
Ord Neutraler Ertrag
BKK-Habenzinsen
Ordentliches Ergebnis 2
AO Neutraler Aufwand
AO Neutraler Ertrag
Ergebnis vor Steuern
Ertragsteuern
Ergebnis nach Steuern
Gewinn und Verlust - Listabfrage
Gewinn und Verlust Aktivierung- Listabfrage
Kennzahlen FiBu

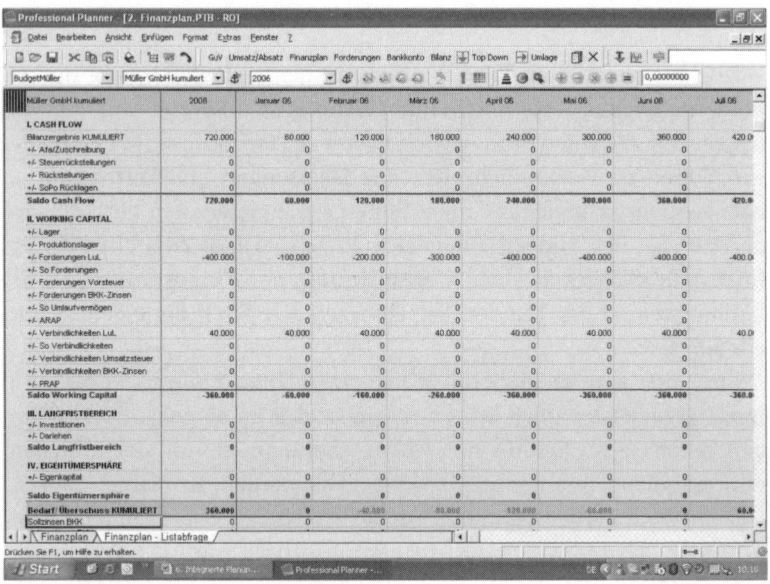
Professional Planner - [2. Finanzplan.PTB - RO]
Müller GmbH kumuliert
I. CASH FLOW
Bilanzergebnis KUMULIERT
Saldo Cash Flow
II. WORKING CAPITAL
Saldo Working Capital
III. LANGFRISTBEREICH
Saldo Langfristbereich
IV. EIGENTÜMERSPHÄRE
Saldo Eigentümersphäre
Bedarf/ Überschuss KUMULIERT
Sollzinsen BKK
Finanzplan
Finanzplan - Listabfrage

Die Liquiditätsseite zeigt allerdings ein anderes, dramatisches Bild. Aufgrund der schleppenden Zahlungen der Kunden baut sich über die ersten Monate ein Finanzbedarf auf. Die Spitze des Finanzierungsbedarfs (kumulierte Sicht der Monatsergebnisse) beträgt im April 120 000 Euro. Das ist um 20 Prozent mehr als der geplante monatliche Umsatz (siehe linke Seite unten).

An diesem einfachen Beispiel sieht man, wie wichtig die integrierte Darstellung ist. Würde man lediglich die Gewinn- und Verlustrechnung betrachten, würde man sich in falscher Sicherheit wiegen und sowohl Investoren, wie zum Beispiel Banken, als auch das Management selbst würden von der Unterdeckung des Bankkontos überrascht werden.

Ein weiterer Vorteil der integrierten Betrachtungsweise liegt darin, dass man auch die Finanzierung der oben beschriebenen Unterdeckung bewerten kann. Was kostet das Unternehmen das schlechte Zahlungsverhalten der Kunden? Bei einem Zinssatz von 12 Prozent sind das über 3 000 Euro, und der Effekt führt dazu, dass das Unternehmen auch im Juni noch ein negatives Bankkonto aufweist.

Die dritte Säule des integrierten Modells betrifft die Bilanz. Sie wird nach betriebswirtschaftlichen Vorschriften aus Gewinn- und Verlustrechnung und Liquiditätsbetrachtung erstellt. Alle wichtigen Planungsentscheidungen müssen sich in der Planbilanz richtig niederschlagen. In der Planbilanz wird das Ergebnis der Investitions- und Kapitalbedarfsplanung, der Plan-Gewinn- und Verlustrechnung sowie das Ergebnis des Liquiditätsplans (Zahlungsmittelbestand am Ende einer Periode) gezeigt. Damit ist die formale Abstimmung zwischen Plan-Gewinn- und Verlustrechnung und Liquiditätsplan vollzogen. Dieser formale Abstimmungsprozess wird in der Praxis häufig unterschätzt und führt bei Fehlern häufig zu Fehlentscheidungen. In unserem Beispiel berücksichtigen wir keine Anfangsbestände. Dadurch sind in der Jahressicht alle Ergebnisse positiv. Vor allem aber in den ersten beiden Quartalen entwickelt sich das »BKK« (Bank-Kontokorrent-Konto) negativ. Im April hat man – wie in der Liquiditätsbetrachtung – den Höchststand von 120 800 Euro erreicht. Die Bilanz hat folgendes Bild.

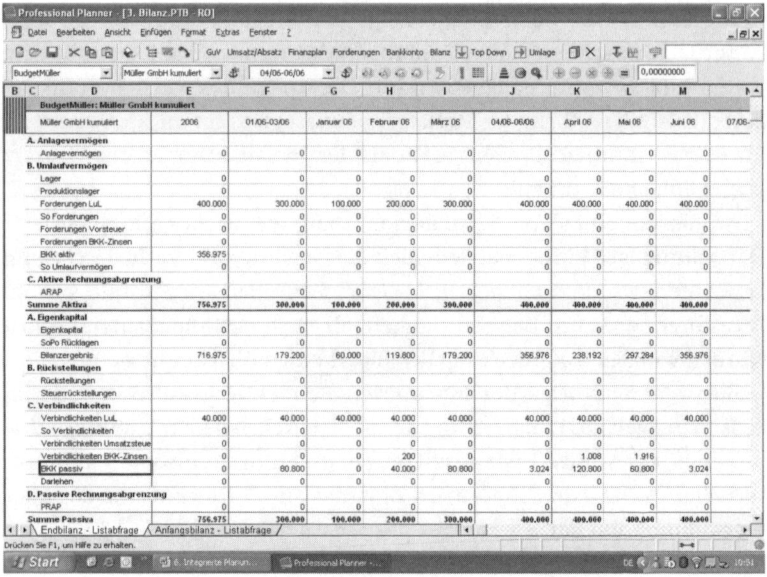

BudgetMüller: Müller GmbH kumuliert

Müller GmbH kumuliert	2006	01/06-03/06	Januar 06	Februar 06	März 06	04/06-06/06	April 06	Mai 06	Juni 06	07/06-
A. Anlagevermögen										
Anlagevermögen	0	0	0	0	0	0	0	0	0	
B. Umlaufvermögen										
Lager	0	0	0	0	0	0	0	0	0	
Produktionslager	0	0	0	0	0	0	0	0	0	
Forderungen LuL	400.000	300.000	100.000	200.000	300.000	400.000	400.000	400.000	400.000	
So Forderungen	0	0	0	0	0	0	0	0	0	
Forderungen Vorsteuer	0	0	0	0	0	0	0	0	0	
Forderungen BKK-Zinsen	0	0	0	0	0	0	0	0	0	
BKK aktiv	356.975	0	0	0	0	0	0	0	0	
So Umlaufvermögen	0	0	0	0	0	0	0	0	0	
C. Aktive Rechnungsabgrenzung										
ARAP	0	0	0	0	0	0	0	0	0	
Summe Aktiva	**756.975**	**300.000**	**100.000**	**200.000**	**300.000**	**400.000**	**400.000**	**400.000**	**400.000**	
A. Eigenkapital										
Eigenkapital	0	0	0	0	0	0	0	0	0	
SoPo Rücklagen	0	0	0	0	0	0	0	0	0	
Bilanzergebnis	716.975	179.200	60.000	119.800	179.200	356.976	238.192	297.284	356.976	
B. Rückstellungen										
Rückstellungen	0	0	0	0	0	0	0	0	0	
Steuerrückstellungen	0	0	0	0	0	0	0	0	0	
C. Verbindlichkeiten										
Verbindlichkeiten LuL	40.000	40.000	40.000	40.000	40.000	40.000	40.000	40.000	40.000	
So Verbindlichkeiten	0	0	0	0	0	0	0	0	0	
Verbindlichkeiten Umsatzsteue	0	0	0	0	0	0	0	0	0	
Verbindlichkeiten BKK-Zinsen	0	0	0	200	0	0	1.008	1.916	0	
BKK passiv	0	80.800	0	40.000	80.800	3.024	120.800	60.800	3.024	
Darlehen	0	0	0	0	0	0	0	0	0	
D. Passive Rechnungsabgrenzung										
PRAP	0	0	0	0	0	0	0	0	0	
Summe Passiva	**756.975**	**300.000**	**100.000**	**200.000**	**300.000**	**400.000**	**400.000**	**400.000**	**400.000**	

Dieses Modell ist absichtlich einfach gehalten. Es zeigt aber klar auf, welche Implikationen bereits mit wenigen Zahlen gegeben sind. Wenn Sie Planender sind oder aber selbst Ihr Unternehmen budgetieren, können Sie bereits hier Schlüsse auf notwendige Änderungen im Unternehmen ziehen. Die wichtigste in unserem Fall ist dabei: Verringern Sie die Außenstandsdauer der Forderungen aus Lieferungen und Leistungen. Das bedeutet nicht, dass Sie Ihre Kunden verärgern müssen, indem Sie mit Vorkasse drohen. Es geht vielmehr um effiziente Abläufe innerhalb Ihrer Organisation. Das heißt konkret: Überprüfen Sie, wie schnell Aufträge vom Vertrieb zur Fakturierung kommen. Kontrollieren Sie, wie schnell Mahnungen verschickt werden und wie viele Mahnstufen es in Ihrer Organisation gibt. Nehmen Sie die Vertriebsmitarbeiter mit in die Verantwortung, indem Sie deren Provisionen erst dann auszahlen, wenn die Kunden ihre Rechnungen beglichen haben. »Time is money«, heißt es so schön. In diesem Fall gilt das ganz besonders.

Die Bedeutung einer solchen integrierten Sichtweise auf die Budgetierung und die Unternehmenssteuerung ist offensichtlich. Investoren können schon im Vorhinein darauf eingestellt werden, dass es zu Engpässen in der laufenden Periode kommen wird. Mit einer integrierten

Planung kann man sogar abschätzen, wie hoch die Überziehung des gewährten Rahmens sein wird. Vor allen Dingen kann man aber zeigen, wann sich die Situation wieder verbessern wird. Das gibt allen ein besseres Gefühl und die Banken werden im Sinn von Basel II (siehe Kapitel 4 »Budgetierungssysteme«) ihr Rating anpassen.

Lassen Sie uns den oben begonnenen Gedanken noch weiter spinnen. In unserem Modell sind Fixkosten und auch die saisonale Schwankung der Umsätze außer Acht gelassen worden. Vor allem die Saisonkurve der Umsätze sollten Sie unbedingt in Ihrer Planung berücksichtigen. Je höher der Umsatz in einem einzelnen Monat ist, umso höher ist der Aufbau der Forderungen in dieser Periode. Das wiederum führt unter Umständen zu hohen Liquiditätsbelastungen, da man durch den Einkauf des Materials oder der Waren in Vorleistung treten muss. Die Frage, die sich dabei häufig stellt, ist: »Kann ich mir den geplanten Umsatz überhaupt leisten?« Denken wir zum Beispiel an ein Handelsunternehmen mit geringen Spannen, daher geringem Deckungsbeitrag, langem Zahlungsziel und einer Finanzierung über das Bankkonto. Über eine Umsatzausweitung kommt es zu einer geringen Steigerung des Deckungsbeitrages. Über die langen Außenstandsdauern kommt es zu einer Belastung des Bankkontos und die anfallenden Zinsen fressen den Deckungsbeitrag überproportional auf. Es bleibt weniger übrig als vorher. Manchmal wäre es für diese Unternehmen besser, auf Kunden, die mit der Zahlung lange warten, zu verzichten.

Die Außenstandsdauer der Forderungen oder der Bestand der Lager, die man benötigt, um die Kunden zufrieden zu stellen, sind so hoch, dass dadurch mit den für die Finanzierung dieser Bestände anfallenden Zinsen eine Liquiditätsschere aufgeht. Es ist oft für Berater einfach, Unternehmen nur über das Management des Mahnwesens zu sanieren. Oft ist es sogar die einzige Möglichkeit.

Mein Tipp: Überprüfen Sie die internen Abläufe im Mahnwesen. Weisen Sie Ihren Vertrieb darauf hin, Bestellungen so schnell wie möglich zur Fakturierung zu geben. Verzichten Sie auf vierte oder gar fünfte Mahnungen. Im Idealfall gibt es eine Zahlungserinnerung nach zehn und eine endgültige Mahnung nach weiteren zehn Tagen. Machen Sie Provisionszahlungen im Vertrieb abhängig vom Zahlungseingang! Sie haben neben der Fakturierung weitere Mitarbeiter gewonnen, die sich in ihrem eigenen Interesse um den Zahlungseingang kümmern.

Wie kommen Sie zu einer integrierten Darstellung in der Planung und bei Ad-hoc-Analysen?

Dabei hilft Ihnen vor allem moderne Software. Versuchen Sie nicht, in einer Entwicklungsumgebung wie MS Excel komplexe betriebswirtschaftliche und organisatorische Systeme aufzubauen. Keiner von uns ist ausgebildeter Software-Entwickler. Eine Software sollte uns als Werkzeug unterstützen, aber nicht unsere gesamte Zeit für die Wartung und Dokumentation oder Fehlersuche blockieren. Softwareunternehmen haben dafür einen Personalstamm von zig Mitarbeitern. Versuchen Sie nicht, deren Arbeit mit zu übernehmen.

Kennzahlen

Für die Unternehmenssteuerung benötigen Manager neben grafisch und tabellarisch aufbereiteten Zahlen vor allem Kennzahlen. Diese spiegeln in einfacher Art und Weise die Unternehmensentwicklung wider. Vor allem geben sie aber die Chance zum Vergleich. Innerhalb eines bestimmten Marktes geben die einzelnen Teilnehmer beispielsweise nicht gerne ihre gesamten Daten zur Einsicht frei. Man möchte sich aber dennoch untereinander vergleichen können. Deshalb bildet man Branchenkennzahlen, die spezifisch für ein bestimmtes Segment sind, und veröffentlicht sie. Oder aber das Management eines Mischkonzerns möchte die einzelnen Unternehmensteile miteinander vergleichen. Da im Konzern aber sowohl produzierende Unternehmen, Dienstleistungsunternehmen und Handelsunternehmen sind, sind die Ergebnisse nicht vergleichbar. Die Investitionen und Abschreibungen im Produktionsunternehmen sind beispielsweise extrem hoch, was den Aufwand in der Gewinn- und Verlustrechnung hochtreibt. Dafür ist aber das Anlagevermögen und dadurch der Wert des Unternehmens hoch. Im Dienstleistungsunternehmen dagegen gibt es keinerlei Aufwand für Abschreibungen. Das Ergebnis scheint zwar sehr gut, aber der Unternehmenswert ist gering, weil man keine nachhaltigen Werte aufbaut. Welches Unternehmen ist mehr wert? Erst das Bilden von entsprechenden Kennzahlen macht alle miteinander vergleichbar.

Was passiert schließlich und endlich, wenn ein Unternehmen seine Strukturen im Laufe der Zeit ändert? Neue Filialen kommen dazu, Kostenstellen werden zusammengelegt etc. Kann man die vergangenen Jahre dann noch mit dem laufenden vergleichen? Auch dazu sind Kennzahlen bestens geeignet.

An dieser Stelle sei erwähnt, dass es je nach Interpretation unterschiedliche Berechnungen für jede einzelne Kennzahl gibt. Lassen Sie sich dadurch nicht verwirren. Wichtig ist, dass Sie eine Kennzahl, die Sie einmal definiert haben, inhaltlich nicht verändern. So bleibt die Vergleichbarkeit gegeben.

Im Folgenden werden einige Kennzahlen im Überblick beschrieben. Das sind einerseits die Kennzahlen, die zukünftig durch Basel II Bedeutung erlangen werden, weil sie für das Unternehmensrating herangezogen werden – wie Gesamtkapitalrendite, Kapitalstruktur, Verschuldungsgrad, Zinsdeckung und Cashflow –, andererseits nehme ich noch Kennzahlen auf, die vor allem von börsennotierten Unternehmen verwendet werden.

Gesamtkapitalrendite oder Return on Investment (ROI)

Ein Unternehmen ist normalerweise durch Eigenkapital und Fremdkapital finanziert. Unter Gesamtkapitalrentabilität versteht man das Verhältnis zwischen einer Erfolgsgröße und dem gesamten eingesetzten

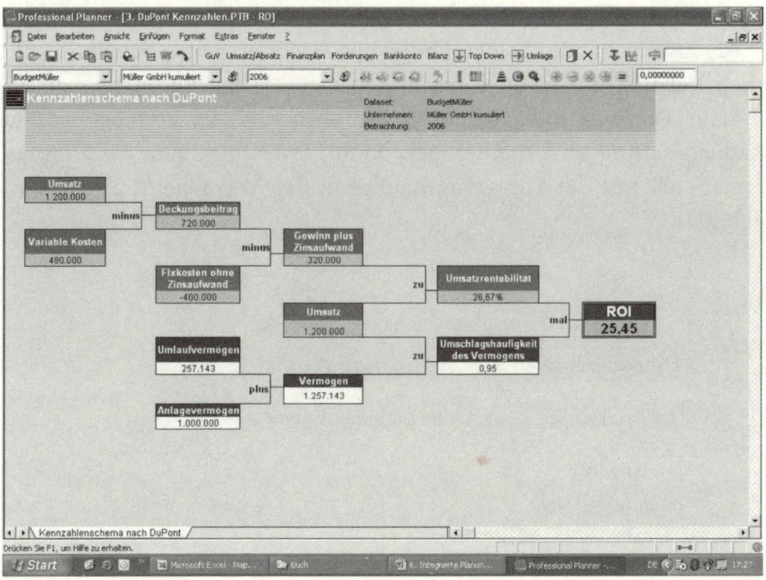

Kapital. Sie gibt an, welchen prozentualen Betrag (Rendite) das eingesetzte Gesamtkapital erwirtschaftet hat.

Als Erfolgsgröße wird der Gewinn herangezogen, wobei die Fremdkapitalzinsen dem Gewinn hinzuzurechnen sind, da sie in der gleichen Periode erwirtschaftet wurden, aber als Aufwand den Gewinn schmälern. Die Gesamtkapitalrendite ist die gemeinsame Rendite der Eigen- und Fremdkapitalgeber. Der Fremdkapitalgeber erhält die Fremdkapitalzinsen als seinen Teil der Gesamtkapitalrendite (seine alleinige Fremdkapitalrendite = FK-Zins : FK). Die Gesamtkapitalrendite wird von verschiedenen Kennzahlensystemen als Spitzenkennzahl verwendet. Um die Rentabilität des eingesetzten Kapitals zu ermitteln, setzt man die Sphäre der Gewinn- und Verlustrechnung und des Vermögens aus der Bilanz zueinander in Beziehung.

Als Erstes berechnet man die Umsatzrentabilität (Return on Sales – ROS) als Prozentsatz aus der Beziehung Gewinn bereinigt um den Zinsaufwand zum Eigenkapital. Der ROS stellt den ertragsbezogenen Ast der ROI-Analyse dar und zeigt, in welchem Ausmaß eine Umsatzeinheit (in Euro) zum Jahresüberschuss beiträgt. Der ROS wird häufig auch als Preisspielraum oder Sicherheitsspanne bezeichnet. In unserem Beispiel beträgt der Preisspielraum 26,67 Prozent. Das heißt, wenn man durch Skonti, Rabatt oder eine Preissenkung 27 Prozent verliert, gerät man in der Verlustzone.

Als Zweites setzt man den Umsatz in Beziehung zum durchschnittlichen Vermögen, um die Umschlagshäufigkeit des Vermögens zu ermitteln. Diese ist Indikator für die durchschnittliche Vermögens- und Kapitalbindung im Unternehmen. Multipliziert man nun die Umsatzrentabilität mit der Umschlagshäufigkeit des Vermögens, erhält man den ROI.

$$\text{ROI} = \frac{\text{Gewinn}}{\text{Umsatzerlöse}} \times \frac{\text{Umsatzerlöse}}{\text{Gesamtkapital}}$$

$$= \text{Umsatzrendite} \times \text{Umschlagshäufigkeit des GK}$$

$$= \frac{\text{Gewinn}}{\text{Gesamtkapital}}$$

In unserem Beispiel beträgt der ROI 25,45 Prozent. Das bedeutet, dass das Unternehmen mit jedem Euro eine Rendite von 25,45 Prozent erwirtschaftet. Manche von Ihnen werden sagen, dass das viel sei. Andere meinen, dass das sehr wenig sei. Bei der Interpretation jeder Kennzahl gilt: Sie ist nur in der Beziehung zu einem Referenzwert gut oder schlecht. Nehmen wir an, in der Branche, in der dieses Unternehmen tätig ist, wird durchschnittlich ein ROI von 40 Prozent erreicht. Dann ist unser erwirtschafteter ROI sehr schlecht. Oder aber unser Unternehmen hat im letzten Jahr einen ROI von 10 Prozent erreicht – wie gut haben wir vergleichsweise gewirtschaftet.

Return on Capital Employed (ROCE)

Eine Weiterentwicklung des ROI ist der ROCE. Er wird vor allem bei Unternehmen verwendet, die sich der Shareholder-Value- Orientierung verpflichtet fühlen, also insbesondere bei den größeren börsennotierten Gesellschaften. Diese Kennzahl ermittelt die Rendite des eingesetzten Kapitals. Hierbei wird der erzielte Gewinn vor Zinsen und Steuern mit dem Capital Employed (Bilanzsumme abzüglich zinsfreier Verbindlichkeiten und übriger Rückstellungen) in Beziehung gesetzt. Das Capital Employed bezeichnet im Gegensatz zum Gesamtkapital, das der Berechnung des ROI zugrunde liegt, lediglich das langfristig gebundene Kapital. Damit möchte man vermeiden, dass starke unterjährige Schwankungen des Umlaufvermögens und des kurzfristigen Fremdkapitalbereichs in die Betrachtung der Rentabilität aufgenommen werden.

Die Grundidee des ROCE ist einfach, weshalb die Kennzahl auch weit verbreitet ist. Jedes Unternehmen soll mehr Rentabilität erreichen als das gesamte in das Unternehmen investierte Kapital an Zinsen kostet. Der errechnete ROCE sollte also aus Sicht der Anleger langfristig über den tatsächlichen Kapitalkosten des Unternehmens liegen.

Cashflow

Berechnung des Cashflow:

Bilanzgewinn bzw. -verlust
_ Gewinnvortrag aus dem Vorjahr
\+ Verlustvortrag aus dem Vorjahr
\+ Erhöhung von Rücklagen zulasten des Ergebnisses
– Auflösung von Rücklagen zugunsten des Ergebnisses
\+ Abschreibungen auf Anlagevermögen
= **Cashflow I**
\+ Zuführung zu langfristigen Rückstellungen
– Auflösung von langfristigen Rückstellungen
= **Cashflow II**
+/– außerordentliche betriebs- und periodenfremde Aufwendungen und Erträge
= **Cashflow III**
– Dividendensumme
= **Cashflow IV**

Der Cashflow ist eine Kennzahl, die angibt, welchen Mittelzufluss ein Unternehmen in einer Periode aus dem Umsatzprozess erwirtschaftet hat und was somit unterjährig für Investitionen, Tilgungszahlungen oder Gewinnausschüttungen zur Verfügung steht (Finanzmittelüberschuss).

Er ist ein Maßstab für die Selbstfinanzierungskraft eines Unternehmens und zeigt die finanzielle Flexibilität und finanzielle Unabhängigkeit von außenstehenden Geldgebern an. Ein niedriger Cashflow führt zu einer Schwächung des Eigenkapitals, somit zu einem erhöhten Verschuldungsgrad und schließlich zwangsläufig zu einer wachsenden Zinslast. Das Wachstumspotenzial des Unternehmens wird eingeschränkt.

Für den Cashflow gibt es eine Vielzahl von Berechnungsvarianten, je nachdem ob er mit oder ohne außerordentliches Ergebnis (wie zum Beispiel Anlageverkäufen) beziehungsweise mit oder ohne Beteiligungsergebnis dargestellt wird. Ein Unternehmen benötigt den Cashflow zur Finanzierung von Investitionen, zur Schuldentilgung und für Dividendenzahlung.

Cashflow-Leistungsrate

Die Cashflow-Leistungsrate zeigt auf, wie viel Prozent der Betriebsleistung für Investitionen, Schuldentilgung und Gewinnausschüttung zur Verfügung stehen. Mit ihr kann die finanzielle Leistungsfähigkeit des Unternehmens festgestellt werden.

$$\text{Formel} = \frac{(\text{EGT} + \text{nichtausgabenwirksame Kosten} - \text{kalk. UL}) \times 100}{\text{Betriebsleistung}}$$

Diese Kennzahl wird benötigt, um die Finanzkraft von Unternehmen unterschiedlicher Größe vergleichbar zu machen. Vergleiche sollten dabei nur mit branchenverwandten Firmen angestellt werden, da sie sehr von branchenspezifischen Faktoren wie zum Beispiel der Kapitalintensität abhängig sind. Im Industriedurchschnitt kann man davon ausgehen, dass eine Cashflow-Leistungsrate von 7 bis 10 Prozent zufrieden stellend ist, im Dienstleistungssektor liegt dieser Wert etwas darunter, bei kapitalintensiven Unternehmen darüber.

Eigenkapitalquote

Das Vermögen eines Unternehmens wird durch Eigenkapital und Fremdkapital finanziert. Das Eigenkapital hat prinzipiell die Funktion eines Risikopolsters, da Verluste das Eigenkapital schmälern. Daraus ergibt sich, dass Unternehmen mit einer höheren Eigenkapitalquote krisenfester sind und Verluste auffangen können.

Die Frage, die sich stellt ist, lautet, wie hoch muss die Eigenkapitalausstattung eines Unternehmens sein, um seinen Bestand langfristig abzusichern? Eine Möglichkeit zur Beurteilung der Eigenkapitalausstattung ist die Berechnung der Eigenkapitalquote. Sie drückt das Eigenkapital in Prozent der Bilanzsumme aus. Hierbei umfasst das Eigenkapital sowohl die Erhöhung um stille Reserven im Anlage- und Umlaufvermögen als auch eine Erhöhung um Rücklagen und um jenen Teil der Rückstellungen, die Eigenkapitalcharakter haben. Für die stillen Reserven sind latente Ertragssteuern zu berücksichtigen.

$$\text{Eigenkapitalquote} = \frac{\text{Eigenkapital}}{\text{Gesamtkapital}} \times 100 = x\ \%$$

Die Höhe einer »guten« Quote ist stark von der Branche, dem Geschäftsrisiko und der Anlagenintensität des jeweiligen Unternehmens abhängig. Daher ist es wenig sinnvoll, die Eigenkapitalquote mit einer Faustregel zu beurteilen. Ist sie jedoch Null oder gar negativ, sollten keine Ausschüttungen mehr vorgenommen werden.

Schuldentilgungsdauer

Die Schuldentilgungsdauer sagt aus, nach wie vielen Jahren das Unternehmen aus eigener Kraft imstande wäre, seine Schulden zu bezahlen. Anders gesagt, diese Kennzahl zeigt die Abhängigkeit des Unternehmens von den Kreditgebern. Eine hohe Schuldentilgungsdauer deutet auf eine hohe Abhängigkeit, eine niedrige auf eine geringe Abhängigkeit hin. Bei Personengesellschaften ist auch hier bei der Cashflow-Darstellung der kalkulatorische Unternehmerlohn zu berücksichtigen.

$$\text{Formel} = \frac{\text{Fremdkapital} - \text{flüssige Mittel} \times 100}{\text{Cashflow}}$$

Bei einer errechneten Schuldentilgungsdauer von zehn Jahren wird die Situation des Unternehmens kritisch, ab 15 Jahren vermutet der Gesetzgeber Sanierungsbedarf. Banken werden im Sinn von Basel II äußerst restriktiv mit Krediten umgehen.

Zinsendeckung

Die Zinsendeckung zeigt, in welchem Ausmaß das Unternehmen seine Zinsverbindlichkeiten erfüllen kann. Ist das Ergebnis aus der unten angeführten Formel gleich 100, so bedeutet dies, dass der Überschuss vor den Finanzierungskosten gerade ausreicht, um diese Kosten abzudecken. Ist das Ergebnis kleiner als 100, können die Zinsverbindlichkeiten nicht erfüllt werden.

$$\text{Formel} = \frac{\text{EGT} + \text{Zinssaldo} \times 100}{\text{Zinssaldo}}$$

Earnings Before Interest and Taxes (EBIT)

Übersetzt ist das EBIT der Betriebserfolg vor Zinsen und Steuern. Das EBIT kann auch als betriebliches Ergebnis bezeichnet werden und direkt aus der Gewinn-und-Verlustrechnung abgelesen werden. Es entspricht dem Jahresüberschuss vor Zinsaufwand, außerordentlichem Ergebnis und Steuern eines Unternehmens.

Das EBIT gibt Auskunft über den Erfolg im eigentlichen operativen Bereich, wenngleich berücksichtigt werden muss, dass in dieser Kennzahl auch außerordentliche Erfolgskomponenten wie Auflösung der Rückstellungen oder Anlagenverkäufe verrechnet werden. Die Finanzierung sowie die Versteuerung haben jedoch keinen Einfluss auf diese Gewinngröße. Ein negativer Finanzerfolg in Folge eines hohen Fremdkapitalanteils beeinflusst somit das EBIT nicht. Umgekehrt führen auch hohe Zinserträge, die etwa aus geschickten Veranlagungen oder aus Überliquidität stammen, nicht zu einer Verbesserung des EBIT.

Nach diesen Erklärungen gehen wir über zu den Hilfsmitteln für die unterschiedlichen Budgetierungssysteme und den Budgetierungsprozess, zu den geeigneten Standard-Software-Systemen.

8 Budgetierungssoftware – unterschiedliche Systeme

Über die Jahre und einige hundert Projekte hinweg haben wir folgende sechs Punkte als Aufgabe des Controllers identifiziert. Diese Darstellung erhebt keinen Anspruch auf Wissenschaftlichkeit und kommt zur Gänze aus der Praxis. Ich muss betonen, dass es sich dabei um »Best Practice« handelt und ich ganz wenige Abteilungen getroffen habe, die tatsächlich alle sechs Punkte erfüllen. Häufig sind in Unternehmen unterschiedliche Abteilungen mit der Realisierung dieser Anforderungen befasst. Dass das zu Konflikten und zusätzlicher Abstimmungsarbeit führt, soll erwähnt sein. Die sechs Punkte sind: Erfolgs- und Finanzplanung, Plan-Ist-Vergleich, Berichtwesen, Ad-hoc-Anfragen sowie Strategie und Organisation.

Erfolgsplanung

Hier hat sich das Konzept der Top-down- in Kombination mit Bottom-up-Planung bewährt. Die Geschäftsleitung gibt top-down die Rahmenwerte in Form von Kennzahlen an die Planungsverantwortlichen auf verschiedenen hierarchischen Unternehmensebenen weiter. Die Marktverantwortlichen geben in der zweiten Runde bekannt, welche Umsätze sie sich vom Markt für das kommende Jahr erwarten. In einem nächsten Schritt messen Geschäftsleitung und Investoren anhand der Kennzahlen, inwieweit die Vorgaben für das folgende Jahr erreicht werden. Aus diesem »Knet-Prozess«, der das zentrale Controlling stark befasst, wird das Jahresbudget gegossen und verabschiedet.

Finanzplanung

Diese wird fast ausschließlich zentral gemacht. Häufig findet sie in einem von der Erfolgsplanung getrennten System statt. Das führt zu ungeheuren Abstimmungsarbeiten, weil das Erfolgsergebnis nicht mehr mit dem Finanzergebnis übereinstimmt – besser: übereinstimmen

Das 1x1 des Budgetierens. Peter Stark

ISBN: 3-527-50133-9

kann. Ein einfaches Beispiel: Nach dem Abschluss der Erfolgsrechnung geht man zur Berechnung des Cashflows in die Liquiditätsplanung. Dabei stellt sich die Frage der Finanzierung einer neuen Anlage. Man beschließt, diese Anlage teilweise aus dem positiven Cashflow zu finanzieren, der sich aus der Planung Erfolgsrechnung und diversen Abgrenzungen in der Bilanz ergeben hat. Die nachträglichen Auswirkungen dieser Finanzierung auf die Erfolgsrechnung sind aber mannigfaltig und wiederum die Auswirkungen der geänderten Erfolgsrechnung auf die Cashflow-Rechnung und die Liquidität insgesamt (Abschreibung, Zinsen (abgegrenzt), Vorsteuer, verringerte Liquidität, verringerte Ertragssteuer). Daher mein Vorschlag: Eine saubere Planung kann nur in einem einheitlichen System erfolgen, das im betriebswirtschaftlichen Modell bereits alle relevanten Bereiche berücksichtigt. Man spart dadurch nicht nur Zeit für Abstimmungen, sondern gestaltet auch den Prozess effizienter, weil man bereits parallel mit der Finanzplanung beginnen kann. Die Qualität der Planungsdaten steigt dramatisch. Zusätzlich erhält man als »Abfallprodukt« die Bilanz.

Die Planung sollte zumindest auf Quartalsebene, besser auf Monatsebene erfolgen. Der Plan-Ist-Vergleich sollte, je nach Branche, in denselben Intervallen vorgelegt werden. Die für das Management wichtigsten Zahlen sollten täglich aus der Buchhaltung geliefert werden.

Plan-Ist-Vergleiche

Diese beginnen nach dem/den Monat/en des Jahresabschlusses. Sie sollten auf Knopfdruck realisiert werden. Die Berichtsstrukturen entsprechen denen der Planung. Ich halte dabei das Vorgehen der Informationsgewinnung über eine stufenweise Fixkostendeckungsbeitragsrechnung für effizient. Halten Sie auch den Aufwand der Datengenerierung effizient. Moderne Software-Systeme verfügen über offene Schnittstellen, die den Import und Export von Daten ermöglichen. Nutzen Sie die modernen Technologien für sich.

Das Berichtswesen

Dabei handelt es sich um Routineaufgaben. Die Daten eingeben, Grafiken erstellen, die Seiten ausdrucken und versenden oder faxen. Diese Tätigkeit ist zeitaufreibend und nervtötend. Daher müssen Berichte, sobald die Daten über eine Schnittstelle eingelesen worden sind, sofort zur Verfügung stehen. Über Ihren Personal Computer können Automatismen erzeugt werden, so dass die Berichte automatisch gedruckt werden. Noch moderner ist ein Versenden via E-Mail oder aber eine Publikation im Intranet.

Ad-hoc-Anfragen

Eine wichtige Aufgabe des Controllings ist es, aus dem verfügbaren Zahlenmaterial kurzfristige Anfragen des Managements zu beantworten. Solche Anfragen an das »Informationssystem« müssen gewährleistet sein. In unserer schnelllebigen Zeit hat ein Controller, gleich dem Steuermann bei sich schnell ändernden Wetterbedingungen, die Aufgabe, neue Möglichkeiten sofort und möglichst fehlerfrei zu analysieren. Dabei muss ihn eine Software unterstützen. Auch hier gilt: Integration der Erfolgs-, Liquiditäts- und Bilanzsicht um Fehler zu vermeiden. Szenarien wie: Ist es besser, in den letzten fünf verbleibenden Monaten bei unseren A-Kunden das Skonto um 1 Prozent zu erhöhen und dafür die Außenstandsdauer um vier Tage zu senken? Oder: Was passiert, wenn aufgrund des Konkurrenzkampfes unsere Preise um einen Prozentpunkt nachgeben und gleichzeitig die durchschnittlichen Kosten für den Wareneinsatz um 2 Prozent steigen? Als Unternehmen, das der internationalen Konkurrenz ausgesetzt ist, hat man keine Zeit mehr, eine Woche auf die Antworten zu warten. Diese Woche kann genau um sieben Tage zu lange dauern und über Erfolg oder Misserfolg entscheiden.

Strategie und Organisation

Während die zeitliche Vorschau über mehrere Jahre – außer beim Börsengang oder im Sanierungsfall – an Bedeutung verliert, ändern sich Firmenstrukturen schnell. Vorbei sind die Zeiten der Dinosaurier, deren Struktur sich über Jahrzehnte nicht geändert hat. Fragen sind akut wie: Was bedeutet es, auf eine Profitcenter-Struktur umzustellen? Wie sehen dann die Ergebnisse aus und welche Berichte sind relevant? Diese Überlegungen dürfen einen Controller nicht an den Rand des Nervenzusammenbruchs bringen.

Da die Prozesse in der Unternehmensplanung immer komplexer werden und die Anforderungen an die Qualität der Ergebnisse steigen, sind Werkzeuge gefragt, die den Planenden bei seiner Arbeit unterstützen. Die meisten Unternehmen jeder Größe und Branche bedienen sich dazu nach wie vor der Tabellenkalkulations-Programme wie zum Beispiel MS Excel. Je größer allerdings die Unternehmensstruktur (Anzahl der Kostenstellen, der Umsatzbereiche, der Tochterunternehmen) und die Anzahl der eingebundenen Personen, aber auch je höher die Integration von Teilplänen und betriebswirtschaftlichen Modellen wird, umso ineffizienter ist die Unterstützung durch Kalkulationen. Zumeist wird ein bestehendes Schema der Gewinn-und-Verlustrechnung in der Tabellenkalkulation abgebildet. Nach Eingabe der Plandaten errechnet sich auf Basis der vordefinierten Rechenoperationen das zukünftige Ergebnis. In der Praxis existieren dabei, je nach Unternehmensgröße und Integration der Teilpläne, komplexe Systeme. Die von den Bestandsgrößen ausgehenden ergebnisrelevanten Einflüsse wie zum Beispiel Darlehenszinsen oder Abschreibungen werden dabei zumeist in Nebenrechnungen ermittelt und durch Verknüpfungen mit dem System verbunden. Gleiches gilt für die Ableitungen von Einzahlungen und Auszahlungen zur Ermittlung des Liquiditätsverlaufs. Da Tabellenkalkulationen Dateneingabe, Berechnung und Datenausgabe sowie Speicherung der Daten auf einer einzigen Ebene durchführen, ergibt sich eine hohe Intransparenz und Fehleranfälligkeit. Insbesondere bei Änderungen des Modells oder seiner Erweiterung werden bestehende Formeln oder aber auch Zellbezüge nicht durchgängig angepasst. In den USA wurde in einer empirischen Studie Ende der neunziger Jahre bewiesen, dass 90 Prozent der Arbeitsblätter in Tabellenkalkulationen mit mehr als 150 Zeilen mindestens einen schweren Fehler enthielten.

Daher hat sich seit den neunziger Jahren ein Markt für Controlling-Standard-Tools entwickelt. Ähnlich wie beim allgemeinen Trend wurde erst die Analyse zunächst von vergangenheitsorientierten Massendaten unterstützt. Dazu wurde eine Technologie entwickelt, die nach wie vor unter dem Begriff OLAP (*On-Line Analytical Processing*) bekannt ist.

In Excel oder ähnlichen Programmen werden nicht nur die für das Unternehmensmodell erforderliche Logik (Formeln, Verweise), sondern auch die Daten selbst in Dateien abgespeichert. Das hat zur Folge, dass jede einzelne Datei sehr groß und damit nicht mehr handhabbar wird. Außerdem können die Daten für die folgenden Plan-Ist-Vergleiche nicht automatisiert in die Zellen übernommen werden, was weiteren Mehraufwand (manuelles Übernehmen der Istdaten, Programmieren entsprechender Vorgänge) bedeutet. Daher hat man OLAP-Datenbanken entwickelt, die die Speicherung und die Strukturierung der abgelegten Daten ermöglichen. Unternehmen, die diese Technologie einsetzen, haben den Vorteil, dass sowohl Plan- als auch Istdaten in einer einheitlichen Struktur abgelegt sind und so einfach analysiert werden können. Für die Planung und Budgetierung bietet diese Technologie allerdings keine Vorteile, weil das Unternehmensmodell und die betriebswirtschaftliche Logik entweder selbst programmiert oder durch Berater programmiert werden muss. Daher soll an dieser Stelle auf die Vielzahl der unterschiedlichen Anbieter von OLAP-Datenbanken nicht eingegangen werden.

Neben den OLAP-Tools hat sich ein Markt für Standardwerkzeuge für Planung und Budgetierung entwickelt.

Überlegungen

Der Aufbau des Modells zur Unternehmensplanung sollte zwei Sichten im Fokus haben. Erstens: Welche Informationen braucht das Management, um das konkrete Unternehmen bestmöglich steuern zu können? Zweitens: Wie lautet die Struktur der Istdaten im Rechnungswesen (Finanzbuchhaltung, Kostenrechnung)? Konkret gesprochen: Wie ist der Kontenrahmen aufgebaut?

Das ist Ausschlag gebend für reibungslose und effiziente Plan-Ist-Vergleiche. Ist das Management daran interessiert, Projekte zu analysieren, macht eine Planung nach Kunden keinen Sinn (außer jedes Projekt lässt sich eindeutig Kunden zuordnen). Eine Planung zum Beispiel nach Regionen macht wiederum keinen Sinn, wenn das Rechnungswesen die Daten nicht nach regionalen Gesichtspunkten zur Verfügung stellen kann, weil man den Kontenrahmen »kundenorientiert« aufgebaut hat.

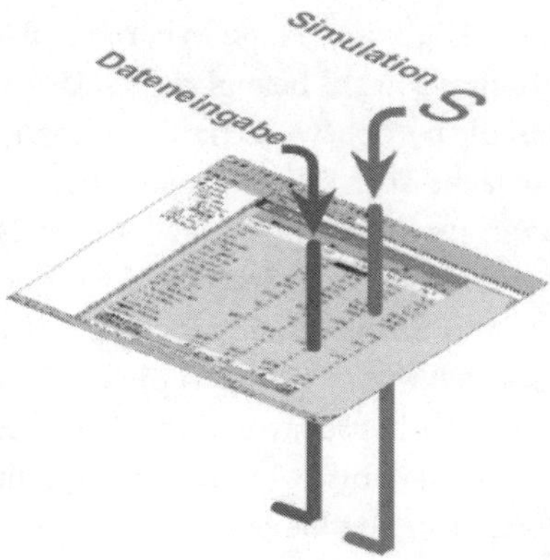

Sobald man sich mit dem Management einig ist, welche Bereiche budgetiert und ausgewertet werden sollen, gehen die Controller ans Werk und bauen die entsprechenden betriebswirtschaftlichen, unternehmenshierarchischen und zeitlichen Logiken auf.

Das Vorgehen bei Tabellenkalkulationen

Ein Tabellenblatt, wie in der Abbildung dargestellt, hat zwei Dimensionen (Zeilen und Spalten). Meistens werden in die Spalten die zeitlichen Dimensionen eingetragen wie Monate, Quartale oder Jahre und in der Zeilendimension die betriebswirtschaftlichen Komponenten für einen entsprechenden Bereich. Im Fall einer Deckungsbeitragsrechnung können dies etwa Erlöse, variable Kosten und Fixkosten sein. Für alle weiteren Bereiche des Unternehmens müssen diese Tabellen kopiert und anschließend miteinander verknüpft werden: Für ein Unternehmen mit drei Profitcentern dreimal. Unter den Profitcentern gliedern sich unter Umständen noch Produkte, Kunden sowie fixe und variable Kostenarten. Für diese Bereiche werden wieder einzelne Tabellen erstellt und miteinander verknüpft. Das Modell wächst entsprechend. Im Sinn der vorhin beschriebenen integrierten Planung von Gewinn- und Verlustrechnung, Liquidität und Bilanz müssen nun die erstellten Tabellen nicht nur in der Unternehmensstruktur miteinander verknüpft werden, sondern auch im Hinblick auf die Liquidität und die Bilanz. Sobald man das alles fertig hat, sollte eines nicht passieren: Die Unternehmensstruktur sollte sich möglichst nicht ändern. Denn neue Bereiche einzufügen und neue Kostenstellen einzubinden würde unerhörte Konsequenzen auf die fix verdrahtete Logik zur Folge haben/ausüben. Sie müsste erneut angepasst werden – sowohl bezüglich der Unternehmensstruktur als auch in Bezug auf die betriebswirtschaftliche Logik. In der Abbildung ist eine weitere Schwäche von Tabellenkalkulationen aufgezeigt. Es ist fast unmöglich, in ein und demselben Modell parallel Budget- und Simulationsdaten einzugeben. Nicht möglich ist es jedenfalls, Ergebniswerte zu simulieren, um Szenarien abzubilden. Entweder überschreibt man erstellte Formeln oder man reduziert die Berechnung auf lediglich einen bestimmtem Teil der betriebswirtschaftlichen Logik – sprich, man simuliert nur das GuV-Ergebnis, während in Liquidität und Bilanz die ursprünglichen Werte bestehen bleiben.

In der Literatur wird kritisiert, dass Controller, die mit der Unterstützung einer Tabellenkalkulation arbeiten, mehr Zeit mit der Programmierung verbringen als mit den eigentlichen Controlling-Aufgaben der Analyse und der Unterstützung des Managements durch Variantenrechnungen und Simulationen.

Das Vorgehen bei OLAP

Dementsprechend haben sich auf dem Markt für Planungssoftware zwei unterschiedliche Technologien durchgesetzt. In der Abbildung ist vereinfacht die Architektur dargestellt. Anders als bei Tabellenkalkulationen, werden die Daten nicht in der Oberfläche abgespeichert, sondern in einer »darunter« liegenden Datenbank. Darüber hinaus bietet diese so genannte OLAP-Technologie in der Modellierungslogik des Unter-

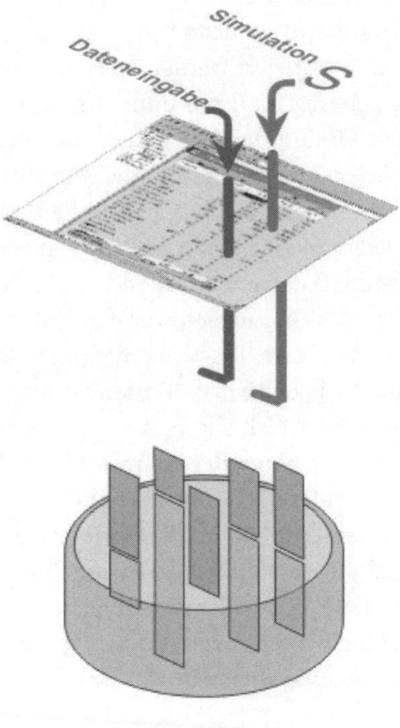

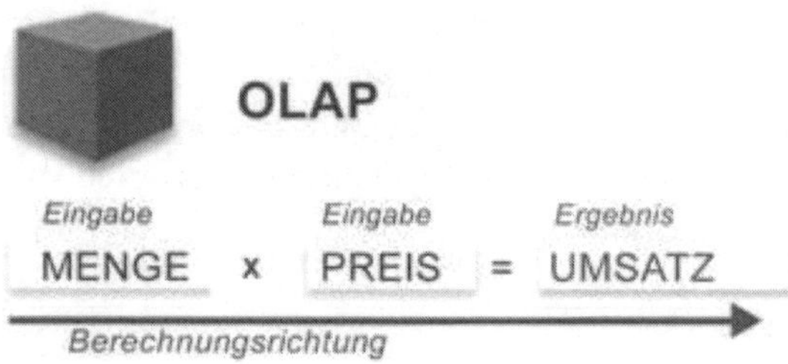

nehmensmodells jegliche Freiräume. Der Anwender ist völlig frei, was er in der Software abbilden möchte. Jeglicher Bezug der Daten zueinander kann eigenständig erstellt werden. Anbieter dieser Technologie bieten darüber hinaus als Vorlagen erstellte Modelle an, die – ähnlich wie Excel-Logiken – für den jeweiligen Fall adaptiert werden können. Die OLAP-Technologie bietet gegenüber den Tabellenkalkulationen erhebliche Vorteile, was das Abspeichern der Daten betrifft. Diese werden nicht mehr direkt im Modell gehalten, sondern in einer Datenbank abgelegt. Das Modell ist dementsprechend kleiner und übersichtlicher. Plan- und Istwerte können in derselben Datenbank abgespeichert werden, wodurch Plan-Ist-Vergleiche automatisiert werden können. Auch kann man »Dimensionen« definieren, die man nur einmal in das System einpflegen muss. Zum Beispiel definiert man die Dimension Nettoerlöse, die dann automatisch den Dimensionen Unternehmen, Profitcenter, Kunde und Produkt zugewiesen wird. So erstellt man mithilfe von externen Beratern ein mehrdimensionales Modell (man spricht von mehrdimensionalen OLAP-Würfeln), das die Daten entsprechend strukturiert. Diese Technologie ist so ausgelegt, dass ein möglichst großer Datenbestand ausgewertet und analysiert werden kann. Was eine integrierte Planung betrifft, so gibt es hier Grenzen, die in der langen Dauer der Berechnungszeiten liegen und schließlich und endlich daran, dass man ebenfalls sehr schwer in ein bestehendes Modell eingreifen kann, weil die Auswirkungen auf Bilanz und Liquidität in diesem Fall neu programmiert werden müssen. Die Planungskomponente ist bei OLAP basierten Systemen gering ausgebildet. Die Architektur ist vor allem dazu angelegt, statische Datenbestände zu analysieren. Bei einer Planung hingegen geht es auch darum, Alternativen hinsichtlich ihrer Auswirkung auf Gewinn- und Verlustrechnung, auf Liquidität und Bilanz hin zu bewerten.

Das Vorgehen bei OLCAP

Die OLCAP-Technologie erweitert die OLAP-Technologie um die planerische Komponente. Es werden die mehrdimensionalen Bereiche eines Daten-Würfels über die Analyse hinaus für Kalkulationen in die Zukunft miteinander in Verbindung gebracht. Anders als im oben beschriebenen Fall, in dem die Modellierung völlig frei vorgenommen werden muss, kann man dabei auf Grundlogiken für die Planung zurückgreifen und diese flexibel zueinander in Bezug setzen, ohne programmieren zu müssen. Die Standards, die in der OLCAP-Technologie bereits vorhanden sind, sind:

- Unternehmensstruktur inklusive Aggregation,
- Zeitstruktur zur flexiblen Erweiterung des Modells und
- betriebswirtschaftliche Struktur zur Verbindung der einzelnen Dimensionen.

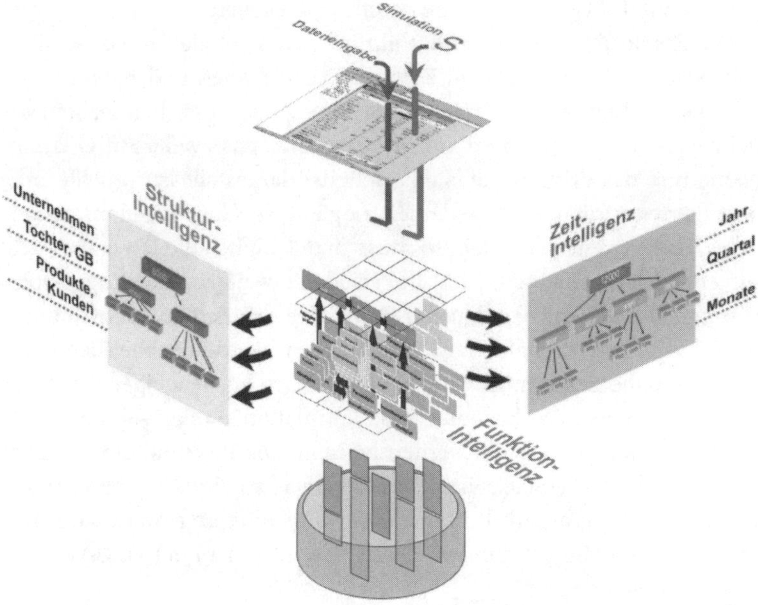

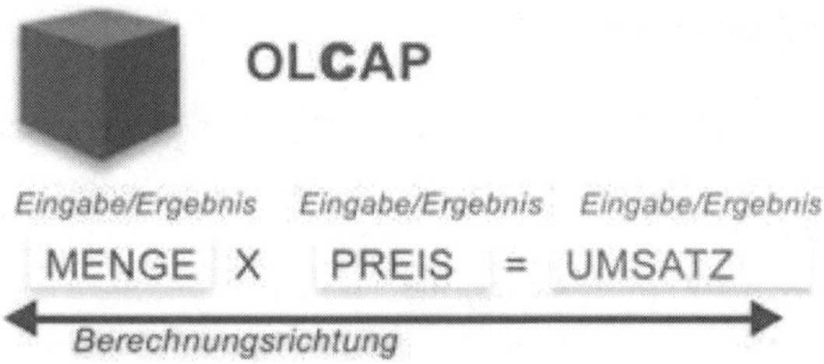

Für die Unternehmensstruktur gibt es bereits vorentwickelte Bausteine, die für jedes Unternehmen der Welt gleich gelten. Dazu gehören unter anderem die Komponenten: Holding, Tochterunternehmen, Profitcenter, Kostenstelle und Bilanzdetailpositionen. Alle diese Bausteine können frei miteinander in Verbindung gebracht werden. Sobald man damit die Unternehmensstruktur zusammengefügt hat, werden alle betriebswirtschaftlichen Dimensionen des jeweiligen Bausteins erstellt. Bei einem Unternehmensbaustein beispielsweise die integrierte Erfolgs-, Liquiditäts- und Bilanzsicht. Dazu wird auch noch die Aggregation der Unternehmensbereiche vorgenommen. Auch das ist den Bausteinen durch Programmierung bereits mitgegeben.

Die Zeitstrukturierung erfolgt ähnlich. Dem Modell muss lediglich mitgegeben werden, welchen Zeitraum man planen und/oder auswerten möchte. Man kann beispielsweise eine Dreijahressicht angeben, wobei das erste Jahr detailliert auf Monatsebene, das zweite auf Quartalsebene und das dritte in der Jahresscheibe dargestellt ist. Möchte man detaillierter werden, ist das jederzeit möglich. Soll das Modell um zusätzliche Jahre erweitern werden, so muss man lediglich die Dreijahressicht um eine entsprechende Anzahl an Perioden erweitern. Alle Eingabemasken und alle Berichte werden sofort um die neue Zeiteinheit erweitert.

Die betriebswirtschaftlichen Dimensionen werden schließlich ebenfalls sofort berücksichtigt. Jede Eingabe kann an beliebiger Stelle des Modells erfolgen. Das bedeutet, dass Simulationen oder Variantenrechnungen einfach eingestellt werden können. Die Position, die simuliert werden soll, wird einfach überschrieben, was zu einer Neuberechnung des Gesamtsystems führt. Man nennt diese Vorgangsweise Vorwärts- und Rückwärts-Berechnungen. Diese werden nur in der OLCAP-Technologie verwendet.

Bei der Auswahl einer Standard-Budgetierungssoftware gibt es unterschiedliche Kriterien, die zur Analyse herangezogen werden sollten. Einerseits gibt es die individuellen, unternehmensspezifischen Kriterien. Daneben sollten aber auch technische Kriterien sowie betriebswirtschaftliche und anbieterbezogene Kriterien berücksichtigt werden. Unternehmensspezifische Kriterien sind beispielsweise die Branche oder die Unternehmensorganisation. Bei einem Produktionsunternehmen ist neben der Absatz- und Umsatzplanung auch die integrierte Produktionsplanung von Bedeutung. Bei einem Dienstleistungsunternehmen steht die Planung der Personalkosten im Vordergrund. Die Planung eines Lagers beispielsweise hat keinerlei Bedeutung. Es ist ratsam, sich für eine Software zu entscheiden, die im entsprechenden Umfeld bereits Referenzen aufweisen kann. Die technischen Anforderungen an eine Software werden am besten gemeinsam mit dem unternehmensinternen IT-Beauftragten besprochen. Sollte es noch keine eigenen Verantwortlichen geben, ist es wichtig, dass die Software möglichst einfach installiert werden kann und der Anbieter einen entsprechenden telefonischen Support zur Verfügung stellt, auf den man im Problemfall zugreifen kann.

Ein wichtiges Element jeder Budgetierungs-Standard-Software ist die Schnittstelle, mit der man die relevanten Istdaten importieren kann. Diese sollte einfach gestaltet sein, damit die Controlling-Abteilung und auch Manager unabhängig von der IT-Abteilung sind und Anpassungen möglichst eigenständig umsetzen können. Auch der Datenexport muss gewährleistet sein und einfach zu handhaben. Dasselbe gilt für die Bedienungsoberfläche. Diese sollte menügesteuert sein und sich wenig von den üblichen Oberflächen der MS-Office-Pakete unterscheiden. Das gilt auch für das Handling der Online-Hilfe. Auch hier sollte man darauf achten, dass das gewohnte Vorgehen (F1 als Taste für Kontexthilfe und der Button »?« für den Aufruf der Gesamthilfefunktion) beibehalten werden kann. Je intuitiver die Oberfläche gestaltet ist und je mehr man vom gewohnten Handling übernehmen kann, umso leichter und einfacher ist der Einstieg in das neue Programm.

Die betriebswirtschaftlichen Kriterien einer Standard-Budgetierungssoftware werden einerseits vom Rechenmodell selbst determiniert als auch vom Unternehmensmodell. Zusätzlich ist es aus Controllingsicht noch sinnvoll, dass die zeitliche Ebene frei definierbar ist, damit man möglichst die mittelfristige Planung als auch das Budget in einer Software verarbeiten kann. Dazu sollte die Software auch die vertikalen Pläne aller Unternehmensbereiche und die horizontalen Bereiche der Gewinn-und-Verlustrechnung, Liquidität und Bilanz koordinieren können. Nur so ist gewährleistet, dass im Sinn eines optimalen Budgetierungsprozesses, wie in Kapitel 3 beschrieben, die Top-down-, aber auch die Bottom-up-Planung unterstützt wird und die nicht erfolgsrelevanten Größen einfach fortgeschrieben werden können. Das Programm sollte auf alle Fälle die Möglichkeit bieten, Grafiken und Tabellen zu erstellen – so kann der Anwender ein flexibles Berichtswesen gestalten. Sollte die Budgetierungssoftware von mehreren Anwendern gleichzeitig genutzt werden, ist ein Berechtigungskonzept unbedingt notwendig. Damit wird festgelegt, welche Bereiche der Budgetierung und des Berichtswesens von wem eingesehen und bearbeitet werden können. Die Verantwortung wird klar festgelegt und man räumt mögliche Fehlerquellen aus, indem eine Kostenstellenverantwortlicher versehentlich Daten unter einer anderen Kostenstelle eingibt. Zusätzlich kann man noch zwischen Schreib- und Leserechten unterscheiden. Damit wird ausgeschlossen, dass beispielsweise ein Berichtempfänger noch Daten im Bericht selbst manipulieren kann und alle Berichte in sich stimmig bleiben. Diese Berechtigungen können einerseits zentral vergeben werden, aber man sollte zusätzlich Passwörter zum Schutz vergeben können.

Für den Budgetprozess selbst sollte die Software folgende Aufgaben übernehmen: Nachdem das Unternehmensmodell und die Rechenlogik aufgebaut sind, werden die laufenden Istdaten in einer eigenen Datenbank abgespeichert. Diese Daten werden den dezentralen Einheiten als Referenzwerte für das Budget zur Verfügung gestellt. Durch Fortschreibung der weniger wichtigen Größen und aktives Planen der strategisch wichtigen Positionen wird das Teilbudget jedes Bereiches erstellt. Diese Einzelpläne werden zum Unternehmensplan hochaggregiert. Das zentrale Controlling ergänzt die Planung noch um die relevanten Bilanz- und Liquiditätsaspekte. Dadurch kommt es in kurzer Zeit zu einem Unternehmensplan. Durch Analysen und Zielwertsuchen beziehungsweise mithilfe von Simulationstechniken wird das Budget noch verfeinert und auf die inhaltliche Konsistenz mit dem strategischen Plan, der Mission und der Vision abgestimmt. In modernen Softwaresystemen kann man zusätzlich Grenzwerte bestimmen. Werden diese über- oder unterschritten, gibt das System einen Hinweis darüber, dass und wo etwas passiert ist.

Zum besseren Verständnis für die Planung sollte eine Standardsoftware auch die Möglichkeit bieten, Textfelder für Kommentare zu berücksichtigen. So kann man im Top-down-Prozess eine Art Anleitung zur Budgetierung mitgeben und in der Bottom-up-Phase können die Planer den Hintergrund ihrer Überlegungen einstellen. Für alle an der Planung beteiligten Mitarbeiter ist damit die größtmögliche Transparenz für Einzelkalkulationen sowie für Überlegungen zu den Daten gewährleistet.

Bei wenigen Budgetierungssoftware-Systemen werden bereits fertige betriebswirtschaftliche Modelle mitgeliefert. In meinen Augen bietet das aber den großen Vorteil eines Standards. Muss ein Planungsverantwortlicher wieder die gesamte betriebswirtschaftliche Logik von Hand anlegen und im besten Sinn programmieren, so geht jeder Vorteil verloren. Die Frage ist, kann man überhaupt ein Standardrechenmodell vorgeben? Unterscheidet sich nicht jedes Unternehmen von allen anderen? Ich denke, dass es einen großen gemeinsamen Nenner für alle Unternehmen dieser Welt gibt. An der Universität, in den Fachhochschulen und in den Seminaren von Akademien lernt man, wie Betriebswirtschaft funktioniert. Man lernt Erlöse, variable Kosten, Fixkosten und ihre Auswirkungen auf Bilanz, Gewinn- und Verlustrechnung und Liquidität kennen. Das alles gilt für jede Unternehmung der Welt.

Das Steuerrecht gibt uns Möglichkeiten vor, wie wir unsere Steuerzahlungen optimieren können, doch es gibt Grundregeln, welche Größen man von der Steuerberechnungsgrundlage abziehen darf und wie diese im Cashflow berücksichtigt werden müssen, wie beispielsweise die Abschreibungen auf das Anlagevermögen. Das alles sind Standardvorgaben, die für alle gelten. Daher sollten sie in einer Standardsoftware bereits berücksichtigt sein.

Das führt zu der letzten Gruppe an Anforderungen, den anbieterspezifischen Anforderungen bei der Auswahl einer Budgetierungs-Standard-Software. Hier geht es darum, wie seriös der Anbieter ist. Wie lange gibt es den Anbieter schon und welche Referenzen kann er vorweisen? Ist es ein reines Softwarehaus oder bietet es auch die Möglichkeit bei der Software-Implementierung mitzuwirken? Bietet der Hersteller darüber hinaus Seminare und Schulungen an, beziehungsweise wie gestaltet sich die umfassende Betreuung für den Kunden? Hier ist es wichtig, einerseits in regionaler Nähe angesiedelt zu sein, aber auch direkte Ansprechpartner beim Softwareanbieter für direkten (First Level) und für telefonischen Support (Second Level) zu kennen.

Es ist nicht der Anspruch dieses Buches, Ihnen einen Überblick über den gesamten Softwaremarkt zu Budgetierungssystemen zu geben. Daher sollen hier beispielgebend für alle anderen Anbieter einige wenige genannt werden.

Die günstigsten Softwareprodukte basieren auf MS Excel wie beispielsweise U Plan XXL von der Firma U_Plan Software GmbH. Die Lösung ist einfach und günstig und besteht aus einem Modell, das mit MS Excel entwickelt wurde. Es ist starr programmiert und dient vor allem dazu, sich einen schnellen Überblick über die Budgetierung zu verschaffen. Die Zielgruppe ist daher beschränkt auf kleinste Unternehmen und auf Steuerberater, die das System dafür einsetzen, für ihre Mandanten einfachste Planungen zu erstellen.

Im Bereich der OLAP-Anbieter findet man noch die größte Anzahl an Lösungsvorschlägen. Der Vorteil liegt bei diesen Werkzeugen allerdings nicht in der Budgetierung, sondern vor allem in der Analyse von Daten. Daher kann man die Plandaten zwar erfassen, es ist aber sehr umständlich, auch nur einfache Rechenmodelle zu programmieren. Daher liegt der Fokus der Anbieter von OLAP-Werkzeugen auch darauf, ein Implementierungsprojekt anzubieten, im Zuge dessen die gesamte Rechenlogik einer Gewinn- und Verlustrechnung, einer Bilanz, der Kennzahlen etc. erstellt wird. Anbieter in diesem Bereich sind Firmen wie Hyperion Solutions Deutschland GmbH mit dem Tool Essbase oder die MIS AG mit dem Tool Alea. Diese Werkzeuge sind für kleine und mittelständische Unternehmen aufgrund ihrer relativ hohen Einführungskosten wenig attraktiv. Man findet ihre Implementierungen entsprechend der Referenzliste der Anbieter eher im Konzernbereich.

Ein für Unternehmen jeder Größe und Branche gleichermaßen geeignetes Planungsmodell und eine wirkliche Spezialisierung auf den Bereich der Budgetierung bieten die Anbieter der OLCAP-Technologie. Dabei wird ein bereits verfügbares und in sich sicheres Rechenmodell mit einfacher Adaptionsmöglichkeit für individuelle Unternehmensmodelle angeboten. Der Vorteil ist evident – das Unternehmen kann sofort starten, ohne langwierige und ressourcenintensive Projekte definieren zu müssen. Ausgehend von den Standards muss lediglich der Output angepasst werden. Der bekannteste Vertreter dieses Bereiches ist das System Professional Planner aus dem Hause Winterheller Software. Dieses System hat neben der zur Verfügung stehenden betriebswirtschaftlichen Logik des OLCAP den Charme, dass die Oberfläche MS Excel ist, was die

Bedienung erleichtert. Das abschließende Beispiel wurde daher mit dieser Software gelöst.

Nach dieser abschließenden Übersicht über unterschiedliche Standardsoftware für die Budgetierung soll in einem abschließenden Fallbeispiel noch einmal ein zentraler Planungsprozess durchexerziert werden. Dabei sind sämtliche Auswertungen mit der Standardsoftware Professional Planner aus dem Haus Winterheller Software erstellt worden. So können Sie sehen, was Sie sich von einem Standardmodell erwarten können. Es muss betont werden, dass alle betriebswirtschaftlichen Implikationen und Darstellungen bis zur Gewinn- und Verlustrechnung auch mit Tabellenkalkulationsprogrammen erstellt werden können. Die weitere Programmierung der integrierten Liquidität und Bilanz ist mit hohen finanzmathematischen Kenntnissen bestimmt auch möglich, aber sehr zeitaufwändig.

9
Beispiel

Das folgende Beispiel stellt mit freundlicher Genehmigung die Winterheller Academy zur Verfügung, wofür der Autor herzlich dankt.

Einführung in das Fallbeispiel Rocking Horse Ltd.

Im Jahr 1965 gründete Reinhard Reich die Rocking Horse Spielwaren OHG in Hamburg. Aufgrund seines unternehmerischen Denkens und Agierens sowie günstiger Marktentwicklungen gelang es Reich, seine Firma stetig zu erweitern. 2004 nutzte Reich die Gelegenheit, um die Firma in eine Ltd. (englische Form der GmbH) umzuwandeln. Das Unternehmen hat zwei Filialen – eine in Hamburg und eine in Bremen.

Vor der Firma liegt nun ein überaus interessantes Planjahr. Zum Einen bietet sich die Möglichkeit, eine Spielwarenfabrik zu übernehmen, um so vom Fremdbezug auf die Eigenfertigung bei Schaukelpferden und Memorys überzugehen. Diese könnte mit der Rocking Horse Ltd. als Profitcenter verschmolzen werden. Darüber hinaus arbeitet die eigene Marketing- und Public-Relations-Abteilung mittlerweile nicht mehr nur für das eigene Unternehmen, sondern auch für Externe, sie kann daher im kommenden Jahr als eigenes Profitcenter (kurz PC) geplant werden. Somit ergeben sich drei Planvarianten (Szenarien). Erstens kann die Rocking Horse Ltd. an sich geplant werden, dann die Planung der Rocking Horse Ltd. mit einem Profitcenter »Produktion« für die Eigenerstellung der Schaukelpferde und das Produkt Memory, schließlich kann die Rocking Horse Ltd. mit dem Dienstleistungs-Profitcenter »Event« geplant werden. Von der theoretisch möglichen Kombination von zwei und drei soll hier der Einfachheit halber abgesehen werden. Herr Reich möchte, dass alle drei Pläne von seinem Controller, Herrn Steuermann, erstellt und miteinander verglichen werden.

Das 1x1 des Budgetierens. Peter Stark

ISBN: 3-527-50133-9

Planung des Bereichs Handel

Als Erstes wird die Erfolgsplanung abgebildet. Dazu werden zuerst die Umsätze und die umsatzabhängigen (variablen) Kosten für die Filiale Hamburg erfasst.

Die Filiale Hamburg wird als Profitcenter (Berücksichtigung von variablen und fixen Kosten) geführt. Das Sortimentsangebot in der Filiale umfasst die drei Umsatzbereiche Schaukelpferde, Memory und Würfelspiele.

Herr Steuermann fordert zum Beginn des Planungsprozesses die Daten von Herrn Kaufmann (kaufmännischer Leiter der Rocking Horse Ltd.) ein. Da die Rocking Horse Ltd. über keine automatisierte dezentrale Dateneingabe verfügt, werden die Daten als Excel-Tabelle per Mail zuerst nach Hamburg und dann wieder in die Zentrale geschickt. Herr Kaufmann war leider krank, was Herr Steuermann nicht wusste, wodurch die Daten erst nach drei Wochen zurückgeschickt wurden. Die Dateneingabe hätten zwar auch Mitarbeiter am Standort Hamburg durchführen können, aber niemand hatte Zugang zu den geschützten Dateien von Herrn Kaufmann.

Die Umsatzplanung und die Planung der variablen Kosten für das Planungsjahr wurden folgendermaßen erstellt.

	Filiale Hamburg		
	Schaukelpferde	Memory	Würfelspiele
Nettoumsatz	€ 1 000 000,–	€ 800 000,–	
Absatzmenge in Stk.			20 000
Nettopreis			€ 25,–
Umsatzsteuer	16 %	16 %	16 %
Var. Kosten (WES)	60 %	50 %	€ 225 000,–
Rabatte	4 %	5 %	
Rabatte pro EH			€ 6,5,–
Skonto	2 %	2 %	€ 11 100,–
Umsatzprovision	5 %	5 %	€ 22 200,–

Daneben gibt Hamburg auch eine saisonale Verteilung der Umsätze der einzelnen Produktgruppen ab. Die Umsatzverteilung basiert auf den Erfahrungswerten aus dem vergangenen Geschäftsjahr. Für die Filiale Hamburg liegt die Verteilung der Umsätze für Schaukelpferde und Memories in Prozent vor, für die Würfelspiele in absoluten Werten. Diese Verteilung ist für Herrn Steuermann extrem wichtig, denn im laufenden Jahr werden erstmals auch Forderungen und Verbindlichkeiten geplant. Das ist eine Anforderung der Banken, die eine höhere Transparenz in der Liquiditätsplanung erwarten.

Verteilung Schaukelpferde und Memory

Jan.	Feb.	März	April	Mai	Juni
4 %	8 %	7 %	7 %	10 %	9 %
Juli	Aug.	Sept.	Okt.	Nov.	Dez.
8 %	8 %	9 %	7 %	8 %	15 %

Verteilung Würfelspiele in Euro

Jan.	Feb.	März	April	Mai	Juni
1 000,–	2 000,–	1 000,–	2 000,–	2 000,–	1 000,–
Juli	Aug.	Sept.	Okt.	Nov.	Dez.
1 000,–	2 000,–	2 000,–	2 000,–	1 000,–	3 000,–

Herr Steuermann legt darüber hinaus großen Wert auf die Deckungsbeitragsrechnung. Er hat sich eine Auswertung erstellt, die ihm zeigt, was die einzelnen Produkte mit ihrem Deckungsbeitrag zum Filialergebnis Hamburg beitragen.

Deckungsbeitrag

RH: Unternehmen/Filiale Hamburg

2006	Filiale Hamburg	Schaukelpferde	Memory	Würfelspiele
Nettoerlöse	2.300.000	1.000.000	800.000	500.000
Rabatte	210.000	40.000	40.000	130.000
Skonti	45.500	19.200	15.200	11.100
Umsatzprovision	108.200	48.000	38.000	22.200
WES/Material	1.225.000	600.000	400.000	225.000
Deckungsbeitrag	**711.300**	**292.800**	**306.800**	**111.700**

Sehr erfreut über den positiven Beitrag der Produktlinie Memory wendet sich Herr Steuermann der Erfassung der umsatzunabhängigen (fixen) Kosten für die Filiale Hamburg zu.

Diese Fixkosten werden zentral erfasst, aber Herr Steuermann hat in den vergangenen Jahren ein Modell erarbeitet, das es ermöglicht, einen Teil der fixen Kosten direkt den beiden Filialen zuzurechnen. Die nicht direkt zurechenbaren Fixkosten werden in der Kostenstelle Verwaltung als Overhead zusammengefasst. Die Planung der Fixkosten basiert auf den Istdaten der Finanzbuchhaltung aus dem Vorjahr.

Folgende Kostenarten werden für Hamburg geplant:

	Filiale Hamburg
Personal	€ 150 000,–
Miete	€ 20 000,–
Sonstiger Aufwand	€ 55 000,–

Ergänzende Hinweise zu den Kostenarten: Die Erfolgswirkung muss definiert werden, um die betriebswirtschaftliche Überleitung von der Kostenrechnung (Betriebsergebnis) zur Gewinn- und Verlustrechnung (GuV-Ergebnis) herzustellen.

Die Personalkosten werden auf die Monate gleich verteilt, Herr Steuermann hält fest, dass der Aufwand kostengleich ist und in das pagatorische Ergebnis zur Berechnung der Steuergrundlage eingeht. Der Aufwand führt gleichzeitig zu einer Auszahlung und muss im Cashflow nicht mehr berücksichtigt werden. Dasselbe gilt für die Miete und den sonstigen Aufwand. Die Daten werden ebenfalls gleichmäßig auf die Monate verteilt und es fällt eine Vorsteuer von 16 Prozent an. Wegen der Liquiditätsplanung berücksichtigt Herr Steuermann in diesem Jahr erstmals auch die Umsatzsteuer und die Vorsteuer. Es ist interessant, in welcher Höhe der Umsatz finanziert wird.

Nachdem Herr Steuermann das Profitcenter-Ergebnis von Hamburg fertig erstellt hat, ist er gespannt, wie sich die Niederlassung Bremen entwickeln wird. Die Daten aus Bremen kommen, wie jedes Jahr, sehr spät, so dass Herr Steuermann es nicht schaffen wird, eine tiefer gehende Analyse der Plandaten zu machen. »Nächstes Jahr wird alles anders«, denkt er sich. Das Excel-Blatt zur Datenerfassung in Bremen ist genauso wie das für Hamburg aufgebaut. Damit hofft Herr Steuermann, eine automatische Zusammenführung der Teilpläne durchführen zu können. Voraussetzung dafür ist allerdings, dass keiner der externen Planer etwas verändert hat.

Da die Filiale Bremen ebenfalls als Profitcenter (Berücksichtigung von variablen und fixen Kosten) geführt wird, kann man später beide Filialen gegenüberstellen. Obwohl das Sortimentsangebot in Bremen von dem in Hamburg abweicht, kann man die Deckungsbeiträge von zwei Produkten und die Filialergebnisse vergleichen.

Das Planungsblatt für Bremen, dessen Werte Herr Steuermann nun manuell in seinen Dateien erfassen muss (leider haben die Planenden Begriffe überschrieben und einige Zeilen ergänzt), sieht die folgenden Werte vor.

Daten bis zum Deckungsbeitrag

	Filiale Bremen	
	Memory	Würfelspiele
Nettoumsatz	€ 900 000,–	
Absatzmenge in Stk.		€ 15 000
Nettopreis		€ 25,–
Umsatzsteuer	16 %	16 %
Var. Kosten (WES)	€ 400 000,–	40 %
Rabatte	€ 15 400,–	
Rabatte pro EH		
Skonto	€ 15 200,–	3 %
Umsatzprovision	€ 90 000,–	5 %

Daten der Fixkosten

	Filiale Bremen
Personal	€ 110 000,–
Miete	€ 14 000,–
Sonstiger Aufwand	€ 50 000,–

Da Herr Steuermann keine monatlich detaillierte Erfassung der Umsatzverläufe für Hamburg und Bremen vorgenommen hat, übernimmt er die für die Jahresverteilung der Umsätze der Filiale Bremen. Er zieht also die saisonale Schwankung für Memories und Würfelspiele in Hamburg als Referenz heran.

Auf Jahresebene ergeben sich für die Produkte folgende Deckungsbeiträge:

Deckungsbeitrag

RockinghorsePlan: Rocking Horse Ltd./Filiale Bremen

2006	Filiale Bremen	Memory	Würfelspiele
Nettoerlöse	1.275.000	900.000	375.000
Rabatte	15.400	15.400	0
Skonti	26.450	15.200	11.250
Umsatzprovision	108.750	90.000	18.750
WES/Material	550.000	400.000	150.000
Deckungsbeitrag	**574.400**	**379.400**	**195.000**

Das Profitcenter-Ergebnis für die Filiale Bremen hat folgendes Bild. Beachten Sie die quartalsweise unterschiedlichen Ergebnisse, die sich durch die saisonale Schwankung der Umsätze ergeben.

Deckungsbeitrag

Schulungsübersicht1: Unternehmen/Filiale Bremen

Filiale Bremen	2006	01/06-03/06	04/06-06/06	07/06-09/06	10/06-12/06
Nettoerlöse	1.275.000	246.000	327.750	318.750	382.500
Rabatte	15.400	2.926	4.004	3.850	4.620
Skonti	26.450	5.138	6.765	6.613	7.935
Umsatzprovision	108.750	20.850	28.088	27.188	32.625
WES/Material	550.000	106.000	141.500	137.500	165.000
Deckungsbeitrag	**574.400**	**111.086**	**147.394**	**143.600**	**172.320**

Die Fixkosten hat Herr Steuermann analog zu der Filiale Hamburg gehandhabt. Um die Gewinn- und Verlustrechnung komplett zu machen, fehlen Herrn Steuermann nur noch die zentralen Verwaltungskosten. Diese schreibt er großteils aus den Vergangenheitswerten fort. Allein die Personalkosten analysiert und plant er intensiv. Da die dezentralen Plandaten so spät zur Verfügung standen, hatte er genügend Zeit dazu. Die Daten der Verwaltung lauten folgendermaßen.

Planung der Verwaltung:

	Verwaltung
Personal	€ 95 000,–
Miete	€ 10 000,–
Sonstiger Aufwand	€ 80 000,–
Abschreibung	€ 30 000,–
Auflösung Personal-RSt.	€ 5 500,–

Ergänzende Hinweise zu den Kostenarten: Die Personalkosten sowie Miete und den sonstigen Aufwand plant Herr Steuermann wie in den Filialen als kostengleichen Aufwand, der direkt in die Gewinn- und Verlustrechnung eingeht. Die monatlichen Beträge sind konstant gleich hoch, und für Miete und sonstigen Aufwand sieht Herr Steuermann 16 Prozent Umsatzsteuer vor.

Die Abschreibung plant Herr Steuermann allerdings anders. Sie wird im Dezember gebucht und ist ein neutraler Aufwand. Das bedeutet, dass dieser Aufwand als nicht zahlungswirksam erkannt wird und bei der Berechnung des Cashflow wieder hinzugerechnet wird, was wichtig für die Berechnung mehrerer Kennzahlen für die Bank ist. Auf gleiche Weise berücksichtigt Herr Steuermann auch die Personalrückstellung. Sie wird im Dezember aufgrund der geplanten Beendigung des Arbeitsverhältnisses eines Mitarbeiters aufgelöst und ist vom Typ her ein neutraler Ertrag. Damit wird sichergestellt, dass dieser Ertrag, der zu keiner Einzahlung führt, bei der Berechnung der Liquidität, genauer des Cashflow, wieder abgezogen wird.

Sollten Sie bis hierher mitgerechnet haben, können Sie Ihr Ergebnis mit der Gewinn- und Verlustrechnung der Musterlösung vergleichen.

Herr Steuermann ist bis hierher zufrieden und sieht als Nächstes zentral die Berechnung der Ertragsteuer vor. Der Durchschnittssteuersatz der Gewerbesteuer beträgt dabei 17 Prozent. Für die Steuerberechnung darf eine Kürzung (Freibetrag) der Bemessungsgrundlage in Höhe von 10 000 Euro angesetzt werden. Für die Spesenberechnung (nicht abzugsfähige Ausgaben) wird eine Hinzurechnung in Höhe von 1 500

Euro angesetzt. Zum ersten Mal ist Herr Steuermann froh darüber, eine Standardsoftware für die zentrale Planung gekauft zu haben. Im letzten Jahr hatte er noch eine Tabelle vorbereitet, die er dann mit dem Modell

Gewinn und Verlust

RockinghorsePlan: Rocking Horse Ltd.

2006	Rocking Horse Ltd.	Filiale Hamburg	Filiale Bremen	Verwaltung
Nettoerlöse	3.575.000	2.300.000	1.275.000	
Rabatte	225.400	210.000	15.400	
Skonti	71.950	45.500	26.450	
Umsatzprovision	216.950	108.200	108.750	
WES/Material	1.775.000	1.225.000	550.000	
Deckungsbeitrag	**1.285.700**	**711.300**	**574.400**	
Aufwand = Kosten	584.000	225.000	174.000	185.000
Miete	*44.000*	*20.000*	*14.000*	*10.000*
Personal	*355.000*	*150.000*	*110.000*	*95.000*
Sonstiger Aufwand	*185.000*	*55.000*	*50.000*	*80.000*
Ertrag = Leistung	0	0	0	0
Ordentliches Ergebnis 1	**701.700**	**486.300**	**400.400**	**-185.000**
Ord Neutraler Aufwand	30.000	0	0	30.000
Abschreibungen	*30.000*	*0*	*0*	*30.000*
BKK-Sollzinsen	0			
Ord Neutraler Ertrag	5.500	0	0	5.500
Auflösung Personalrückstellungen	*5.500*	*0*	*0*	*5.500*
BKK-Habenzinsen	0			
Ordentliches Ergebnis 2	**677.200**	**486.300**	**400.400**	**-209.500**
AO Neutraler Aufwand	0	0	0	0
AO Neutraler Ertrag	0	0	0	0
Ergebnis vor Steuern	**677.200**	**486.300**	**400.400**	**-209.500**
Ertragsteuern	0			
Ergebnis nach Steuern	**677.200**			

Steuertabelle 1

RockingHorsePlanMorBPlus: Rocking Horse Ltd.

Rocking Horse Ltd.	Durchschnitts-steuersatz	Absolute Steuerkorrektur	Mindeststeuer	Hinzurechnungen	Kürzungen
2006	17,00	0	0	1.500	10.000
Januar 06	17,00	0	0	125	833
Februar 06	17,00	0	0	125	833
März 06	17,00	0	0	125	833
April 06	17,00	0	0	125	833
Mai 06	17,00	0	0	125	833
Juni 06	17,00	0	0	125	833
Juli 06	17,00	0	0	125	833
August 06	17,00	0	0	125	833
September 06	17,00	0	0	125	833
Oktober 06	17,00	0	0	125	833
November 06	17,00	0	0	125	833
Dezember 06	17,00	0	0	125	833

verknüpft hatte. Der Aufwand war gewaltig. In diesem Jahr vergibt er lediglich die Prozentsätze und trägt die Zahlen ein.

Für Sie zum Vergleich: Die Summe des Ertragsteueraufwands beträgt 113 679 Euro.

Finanzplanung und Planbilanz

Herr Steuermann hat aufgrund der Anforderungen der Hausbank in diesem Jahr das Ziel, eine integrierte Bilanz und Liquidität aufzubauen. Er hat versucht, das Modell in MS Excel abzubilden, war aber nicht zufrieden. Bei der Weiterbearbeitung der diesjährigen Planung wird ihm bewusst, woher die Unzufriedenheit kam.

Berücksichtigung der Detailbilanzkonten (Angaben in Euro)

Anfangsbilanz

Rocking Horse Ltd.

Aktiva			Passiva		
A. Anlagevermögen			**A. Eigenkapital**		
Anlagevermögen		550 000	Eigenkapital		145 000
	Sachanlagen	400 000		Stammkapital	100 000
	Finanzanlagen	150 000		Kapitalrücklage	0
				Gewinnrücklage	45 000
B. Umlaufvermögen			SoPo Rücklagen		45 000
			Bilanzergebnis		5 100
Lager		255 000			
	Lager Inland	165 000	**B. Rückstellungen**		
	Lager Ausland	90 000			
			Rückstellungen		65 000
				Personalrückstellungen	65 000
Produktionslager		0		Sonstige Rückstellungen	0
Forderungen LuL		95 000	Steuerrückstellungen		95 000
So. Forderungen		20 000			
Forderungen Vorsteuer		5 000	**C. Verbindlichkeiten**		
Forderungen BKK-Zinsen		0			
Bankkontokorrent		-100 000	Verbindlichkeiten LuL		220 900
So. Umlaufvermögen		15 000		Verbindlichkeiten Inland	100 000
				Verbindlichkeiten Ausland	120 900
C. Aktive Rechnungsabgrenzung			So. Verbindlichkeiten		170 000
				So. Verb. Personal	120 000
ARAP		2 000		So. Verb. Aufwendungen	50 000
			Verbindlichkeiten Umsatzsteuer		35 000
			Verbindlichkeiten BKK-Zinsen		0
			Darlehen		55 000
			D. Passive Rechnungsabgrenzung		
			PRAP		6 000
Bilanzsumme		**942 000**	**Bilanzsumme**		**942 000**

Zusätzlich zu den in der Standardbilanz genannten Hauptbilanzkonten müssen noch weitere Detaillierungsebenen angelegt werden. Folgende Kontenarten und deren Namen werden als Detailbilanzkonten benötigt:

Kennungen

RockinghorsePlan: Rocking Horse Ltd.

	Kommentar	Bezeichnung
Rocking Horse Ltd.		Unternehmen
Sachanlagen		Anlagevermögen
Finanzanlagen		Anlagevermögen
Lager Inland		Lager
Lager Ausland		Lager
Stammkapital		Eigenkapital
Kapitalrücklage		Eigenkapital
Gewinnrücklage		Eigenkapital
Personalrückstellungen		Rückstellungen
So. Rückstellungen		Rückstellungen
Verbindlichkeiten Inland		Verbindlichkeiten LuL
Verbindlichkeiten Ausland		Verbindlichkeiten LuL
So.Verbindlichkeiten-Personal		So.Verbindlichkeiten
So.Verbindlichkeiten Aufwendungen		So.Verbindlichkeiten

Herr Steuermann gibt die Bilanzanfangsbestände anhand der oben angeführten Bilanz ein und trifft Bilanzzuordnungen. Das macht er, damit alle Umsatz- und Kostenkonten in der Bilanz richtig verbucht werden können. Es werden alle Bereiche der Umsatz- und Kostenstruktur mit den Bilanzkonten verknüpft. Diese Verbindung ist mit einer MS-Excel-Lösung, wie Herr Steuermann sie programmiert hatte, mit überschaubarem Aufwand nicht mehr zu realisieren und zu pflegen.

Herr Steuermann trifft als ersten Schritt die Bilanzzuordnungen zwischen Erfolgsrechnung und Bilanz. Um eine integrierte Planung zu erhalten, müssen die Teilbereiche miteinander in Verbindung gesetzt werden. Das heißt, wenn der Zeitpunkt einer Zahlung nicht mit dem der Buchung übereinstimmt, muss der Betrag der entsprechenden Umsatz- und Kostenpositionen mit einem Bilanzkonto verknüpft sein. Wird beispielsweise ein Umsatz gebucht, der vom Kunden noch nicht bezahlt ist, findet sich der Betrag in der Bilanz auf dem Konto »Forderungen aus

Lieferungen und Leistungen«. Das gilt für die entsprechenden Hauptbilanzkonten sowie im Anschluss für die Detailkonten.

Verknüpfung der Umsatzbereiche

Erfolgsplanung	Hauptbilanzkonto	Detailkonto
Forderungen LuL	Forderungen LuL	Rocking Horse Ltd.
Wareneinsatz	Lager: Schaukelpferde und Memory Würfelspiele	Lager Inland/Ausland: Lager Inland Lager Ausland

Verknüpfung der Aufwands- und Ertragselemente

Erfolgsplanung	Hauptbilanzkonto	Detailkonto
Personal	So. Verbindlichkeiten	So. Verbindlichkeiten Personal
Miete	keine Zuordnung [1]	keine Zuordnung
So. Aufwand	So. Verbindlichkeiten	So. Verbindlichkeiten Aufwendungen
Abschreibungen	Anlagevermögen	Sachanlagen
Auflösung Personal RSt.	Rückstellungen	Personalrückstellungen

Herr Steuermann verknüpft im nächsten Schritt die Bilanzelemente mit der Bilanz. Falls diese Verknüpfung nicht erstellt wird, geht das System von Herrn Steuermann davon aus, dass beispielsweise Verbindlichkeiten (Wareneinkauf) in dem Monat gezahlt werden, in dem sie anfallen. Folglich würden die Positionen in dem Monat liquiditätswirksam werden und den Bedarf oder Überschuss beeinflussen.

1 Die Kostenart Miete wird nicht zu der Bilanz zugeordnet, weil die Zahlung dem Buchungszeitpunkt entspricht (wird direkt vom BKK abgebucht)

Verknüpfung der Bilanzelemente

Bilanz	Hauptbilanzkonto	Detailkonto
Sachanlagen	Verbindlichkeiten LuL	Verbindlichkeiten Inland
Finanzanlagen	Verbindlichkeiten LuL	Verbindlichkeiten Inland
Lager Inland	Verbindlichkeiten LuL	Verbindlichkeiten Inland
Lager Ausland	Verbindlichkeiten LuL	Verbindlichkeiten Ausland

Nachdem Herr Steuermann nun Gewinn- und Verlustrechnung und Bilanz fertig geplant hat, muss er noch einige wenige Annahmen in Bezug auf den Finanzplan treffen. Der wird das Prunkstück seiner diesjährigen Budgetierung und er hofft, die Hausbank damit beeindrucken zu können.

Im Finanzplan werden nur die Veränderungen auf den einzelnen Bilanzkonten gezeigt, da es sich um den indirekten Finanzplan handelt (Kapitalflussrechnung). Die Endbestände werden in der Endbilanz verbucht.

Cashflow

Als Cashflow wird der finanzwirtschaftliche Überschuss eines Unternehmens in einer Periode, das heißt der Mittelrückfluss aus dem Umsatzprozess verstanden. Der Cashflow errechnet sich aus:

Cashflow = Ergebnis nach Steuern
+ nicht zahlungswirksamer Aufwand
– nicht einzahlungswirksamer Ertrag

Steuerrückstellung

Für die Höhe der Ertragsteuer bildet Herr Steuermann eine Steuerrückstellung. Durch die jährlich vorgeschriebenen Steuervorauszahlungen wird diese vermindert. In der Rocking Horse Ltd. wird eine Steuervorauszahlung von 100 000 Euro für das Jahr 2006 angesetzt. Fällig ist diese Zahlung jeweils quartalsweise (März, Juni, September und Dezember).

Working Capital

Für die Bearbeitung der Bilanzkonten öffnet Herr Steuermann unterschiedliche Dokumente seines Systems aus dem Bereich »Bilanzkonten« und bearbeitet sie. Das sind vor allem die folgenden Konten.

Forderungen Lieferung und Leistung (LuL)

Die Verknüpfung der Erfolgselemente beziehungsweise Erfolgsdaten mit den Bilanzelementen wurde zuvor vorgenommen. In den jeweiligen Bereichen des Working Capitals werden in weiterer Folge die Zahlungen bearbeitet und notwendige Abgrenzungen vorgenommen.

Die Abgrenzungen erfolgen folgendermaßen:

Erfolgsplanung	Bilanz
Umsatzbereich	Forderungen LuL

Die Rocking Horse Ltd. führt jedes Jahr eine Analyse der Forderungsentwicklung durch, um den Eingang der Forderungen genauer planen zu können. Das Ergebnis der Analyse hat ergeben, dass 90 Prozent der Umsätze sofort eingehen und der Rest von 10 Prozent erst nach einem Monat beziehungsweise 30 Tagen. Den Anfangsbestand baut Herr Steuermann zur Gänze im Januar ab.

Die Abgrenzung des Lagers erfolgt folgendermaßen:

Erfolgsplanung	Bilanz
Profitcenter Hamburg /Umsatzbereich Würfelspiele Profitcenter Bremen/ Umsatzbereich Würfelspiele	Lager Ausland
Alle anderen Umsatzbereiche	Lager Inland

Im »Lager Inland« werden im Inland eingekaufte Waren (alles außer Würfelspielen) gelagert. Geplant ist ein Lagerabbau im Januar in der

Höhe von 30 000 Euro. Auch hier plant Herr Steuermann die liquiditätswirksame Vorsteuer in Höhe von 16 Prozent mit ein.

Im »Lager Ausland« werden die Würfelspiele, die vom externen Anbieter aus dem Ausland bezogen werden, gelagert. Die Rocking Horse Ltd. kauft jeweils in den Monaten Januar, März, August und November zu je 93 800 Euro ein.

Dann folgt die Abgrenzung der Verbindlichkeiten aus Lieferungen und Leistungen (LuL).

Bilanz	Bilanz
Lager Inland	Verbindlichkeiten Inland
Anlagevermögen Sachanlagen	Verbindlichkeiten Inland
Anlagevermögen Finanzanlagen	Verbindlichkeiten Inland
Lager Ausland	Verbindlichkeiten Ausland

»Verbindlichkeiten Inland« werden zu 70 Prozent mit einem Zahlungsziel von 30 Tagen und zu 30 Prozent in 35 Tagen bezahlt. Herr Steuermann baut im Januar den Anfangsbestand ab.

»Verbindlichkeiten Ausland« haben ein Zahlungsziel von 124 Tagen. Der Anfangsbestand wird im Januar und Februar zu gleichen Teilen abgebaut, also jeweils 60 450 Euro.

Abgrenzung der sonstigen Verbindlichkeiten

Erfolgsplanung	Bilanz
Alle »Personal«-Elemente	So. Verbindlichkeiten Personal
Alle »Sonstiger Aufwand«-Elemente	So. Verbindlichkeiten Aufwendungen

Forderungen Vorsteuer/Verbindlichkeiten Umsatzsteuer

Damit Herr Steuermann die Umsatzsteuer und die Vorsteuer in Bezug auf die Liquiditätswirkung berücksichtigen kann, hat er sich folgende Tabellen erstellt: Bei der Umsatzsteuer wird der komplette Steueraufwand einer Periode fällig, ohne Aufrechnung der Resttage des angebrochenen Monats. Im Gegensatz dazu wird bei Forderungen (analog Verbindlichkeiten aus LuL) der Restbetrag auf die verbleibenden Tage des Monats exakt berechnet (30 Tage/Monat) und entsprechend ausgewiesen.

Die Zahlung des Saldobetrages von Umsatz- und Vorsteuer eines Monats erfolgt jeweils am zehnten Tag des übernächsten Monats. Daraus ergibt sich ein Zahlungsziel von 40 Tagen. Herr Steuermann berücksichtigt in der Liquiditätsplanung die Finanzierung der 16 Prozent Umsatzsteuer über diese Periode.

Die Forderungen gegenüber dem Finanzamt aus dem Vorjahr belaufen sich auf 5 000 Euro. Der Abbau des Anfangsbestands erfolgt im Januar.

Die Verbindlichkeiten gegenüber dem Finanzamt aus dem Vorjahr belaufen sich auf 35 000 Euro. Der Abbau des Anfangsbestands erfolgt im Januar.

Musterlösung

Finanzplan

RHPlan: RockingHorsePlan

RockingHorsePlan	2006	01/06-03/06	04/06-06/06	07/06-09/06	10/06-12/06
I. CASH FLOW					
Bilanzergebnis nach Steuern	563.521	84.482	154.090	145.964	178.986
+/- Afa/Zuschreibung	30.000	0	0	0	30.000
+/- Steuerrückstellungen	13.679	-8.132	6.125	4.461	11.224
+/- Rückstellungen	-5.500	0	0	0	-5.500
+/- SoPo Rücklagen	0	0	0	0	0
Saldo Cash Flow	**601.700**	**76.350**	**160.215**	**150.425**	**214.710**
II. WORKING CAPITAL					
+/- Lager	29.600	-82.600	93.750	-50	18.700
+/- Produktionslager	0	0	0	0	0
+/- Forderungen LuL	37.969	70.062	-5.928	-4.191	-21.974
+/- So Forderungen	0	0	0	0	0
+/- Forderungen Vorsteuer	-1.107	-1.107	0	0	0
+/- Forderungen BKK-Zinsen	0	0	0	0	0
+/- So Umlaufvermögen	0	0	0	0	0
+/- ARAP	0	0	0	0	0
-/- Verbindlichkeiten LuL	101.007	70.300	-64.400	-1.400	96.507
+/- So Verbindlichkeiten	0	0	0	0	0
+/- Verbindlichkeiten Umsatzsteuer	82.149	43.664	16.352	-2.395	24.528
+/- Verbindlichkeiten BKK-Zinsen	0	0	0	0	0
+/- PRAP	0	0	0	0	0
Saldo Working Capital	**249.818**	**100.319**	**39.774**	**-8.036**	**117.760**
III. LANGFRISTBEREICH					
+/- Investitionen	0	0	0	0	0
+/- Darlehen	0	0	0	0	0
Saldo Langfristbereich	**0**	**0**	**0**	**0**	**0**
IV. EIGENTÜMERSPHÄRE					
+/- Eigenkapital	0	0	0	0	0
Saldo Eigentümersphäre	**0**	**0**	**0**	**0**	**0**
Bedarf/ Überschuss	**851.518**	**176.669**	**199.989**	**142.389**	**332.470**
Sollzinsen BKK	0	0	0	0	0
Habenzinsen BKK	0	0	0	0	0
Bankkontokorrent	751.518	76.669	276.658	419.047	751.518

Nachdem Herr Steuermann alle liquiditätswirksamen Bereiche der Planung erfasst hat, sieht er zufrieden auf das Ergebnis des Finanzplanes. Er weist für die kommende Periode einen Überschuss von 851 518 Euro aus. Das heißt, dass die Bankverbindlichkeit, die zu Jahresbeginn 100 000 Euro betragen hat, ausgeglichen werden kann und noch genug Kapital bleibt, um weitere Investitionen aus dem laufenden Geschäft tätigen zu können. Das wird dem Management gefallen und den Banken Sicherheit geben. Schließlich plant Herr Steuermann noch die Konditionen der Hausbank ein. Er beplant das Bankkontokorrent-Konto. Nach der Ermittlung des Bedarfs beziehungsweise Überschusses im Finanzplan werden die Soll- beziehungsweise Habenzinsen berechnet, um die Liquiditätsplanung abzuschließen.

Die Rocking Horse Ltd. plant nach einem Gespräch mit der Bank einen Sollzinssatz von 4 Prozent und einen Habenzinssatz von 1 Prozent. Es handelt sich dabei um eine jährliche Verzinsung.

Nach der Eingabe dieser letzten Zahl ist Herr Steuermann rundherum zufrieden. Er fühlt sich für die kommenden Gespräche mit dem Management und der Bank bestens gewappnet.

Budgetierungscheckliste

Diese Checkliste soll Ihnen als Fahrplan durch den Budgetierungsprozess dienen. Die erfolgsrelevanten Fragen werden dabei kurz inhaltlich erläutert.

Vorbereitungen

- Was soll mit der Budgetplanung erreicht werden?
- Die Grundfrage jedes Budgets lautet: Wofür wird das Budget benötigt? Dient es als Führungsinstrument, also Basis für zukünftige Plan-Ist-Vergleiche und die Abweichungsanalysen?
- Benötigt man es, um im Falle einer Unternehmensbewertung einen möglichst hohen Wert zu erreichen?
- Wollen Sie die Planung dazu verwenden, eingefahrene Prozesse kritisch zu durchleuchten und neu aufzubauen?

Dementsprechend werden Sie sich mit den einzelnen Umsatz- und Aufwandsbereichen mehr oder weniger intensiv auseinander setzen müssen.

- Nach welchem Verfahren sollen die Bereiche dann budgetiert werden?

Sobald Sie entschieden haben, welchem Zweck Ihr Plan dient, wissen Sie, ob Sie eine »klassische Planung« durchführen oder aber ein bereinigendes »Zero Based Budgeting« vorhaben.

- Lohnt sich der Aufwand der Budgetermittlung – sind die zu budgetierenden Bereiche Wert- und/oder Kostentreiber?

Gehen Sie nach der 80/20-Regel vor! 20 Prozent der Kostenarten machen 80 Prozent der Gesamtkosten aus. Widmen Sie 80 Prozent Ihrer

Das 1x1 des Budgetierens. Peter Stark

ISBN: 3-527-50133-9

Zeit den 20 Prozent Kostenarten und schreiben Sie die restlichen 80 Prozent einfach fort.

- Sind die strategischen Geschäftsfelder definiert?

Auch hier gilt die Regel, dass 20 Prozent der Geschäftsfelder 80 Prozent des Erfolges ausmachen. Identifizieren Sie über eine stufenweise Fixkosten-Deckungsbeitragsrechung mit welchen Produkten/Profitcentern/Kunden Sie 80 Prozent Ihres Umsatzes machen und planen Sie diese Bereiche intensiv.

- Sind die relevanten Megatrends und Umweltentwicklungen für das Unternehmen identifiziert worden?

Um die richtigen Maßnahmen für das kommende Jahr ableiten zu können, sollten Sie sich mit Ihren Umwelteinflüssen auseinander setzen. Es macht zum Beispiel wenig Sinn einen Börsegang zu planen, wenn die Rahmenbedingungen sehr schlecht dafür sind.

- Besteht Klarheit darüber, in welcher Weise die Wettbewerbskräfte auf das Unternehmen und seine Geschäftsfelder einwirken?

Beobachten Sie, wie sich die Kräfte in Ihrer Branche verteilen. Kommt es zu einer hohen Konzentration in Ihrer Branche, ist es vernünftig, sich in der Planung auch mit einer möglichen Fusion auseinander zu setzen.

- Wurden die eigenen Stärken und Schwächen sowie die relevanten Chancen und Risiken ermittelt?

Setzen Sie sich in der Planung immer mit sich selbst auseinander. Sowohl mit den Produkten, Verfahren aber auch mit der Kompetenz der Mitarbeiter und des Managements. Beachten Sie auch externe Faktoren wie rechtliche Situationen, Neuentwicklungen, die Ihr Unternehmen betreffen und neue Chancen bieten können.

- Sind die eigenen Stärken im Sinne von Erfolgsfaktoren auch wettbewerbsentscheidend?

Befragen Sie Ihre Kunden, was sie sich von Ihnen erwarten! Investieren Sie in Kundenbefragungen und anschließend entsprechend in Forschung und Entwicklung. Nur dann können Sie sicher gehen, dass Ihre Produkte auch vom Markt akzeptiert werden.

- Haben Alternativstrategien gezeigt, dass die verabschiedete Strategie vor dem Hintergrund der Erfolgs- und Fähigkeitspotenziale der beste Weg ist?

Seien Sie kritisch mit der Planung aber auch mit den Strategien, die den Budgets zugrunde liegen. Bauen Sie daher, wenn möglich, drei Planvarianten auf: Best Case, Worst Case und Realistic Case.

Operative Umsetzung

Zeitliche Koordination

Abstimmung von Business-Plan und Budget für das nächste Geschäftsjahr. Entscheiden Sie, in welcher zeitlichen Detaillierungsstufe geplant werden soll (was macht Sinn?!). Vorschlag: Machen Sie ein monatsgenaues Budget und führen Sie das für die Quartale des kommenden Jahres weiter. Sollten Sie weitere Jahre aufzeigen müssen, konzentrieren Sie sich lediglich auf die Jahreswerte.
Legen Sie fest, wann die einzelnen Bereiche die Daten in die Gesamtdatenbank eingebracht haben müssen.

Vertikale Koordination

Einordnung der Pläne aller nachgeordneten Unternehmensbereiche in den Gesamtplan. Stellen Sie den einzelnen Bereichen definierte Eingabemöglichkeiten zur Verfügung. Am besten über das Intranet, damit jeder Planer sich Ort und Zeit für die Dateneingabe frei wählen kann.

Horizontale Koordination

Zusammenhang zwischen GuV, Bilanz und Finanzplan – planen Sie alle drei Bereiche. Vergessen Sie nicht, dass viele Kennzahlen zur wertorientierten Unternehmensführung auf dem Cashflow basieren.

Koordination von Planungs- und Ist-Rechnung (Kontrollrechnung)

Bauen Sie mit der Planung auch die Isterfassung auf, damit Sie saubere Plan-Ist-Vergleiche machen können.

Planung ohne Kontrolle ist Selbstzweck

Legen Sie daher in der Planung schon fest, welche Bereiche/Funktionen Sie nach Plan und Ist vergleichen wollen. Definieren Sie in den Bereichen welche Aufwendungen, Umsätze beziehungsweise Kapazitäten relevant sind.

Damit stellen Sie die formale und inhaltliche Vergleichbarkeit der Planungs- und Ist-Rechnung sicher.

Maßnahmen

- Drei »W«: Was? Wer? Wann?

Aus der Planung werden Maßnahmen abgeleitet, die wesentlich für Zielerreichung sind. Damit die Maßnahmen umgesetzt werden, muss es eine eindeutige Zuordnung zu einem Verantwortlichen sowie einen fixen Zeitbezug geben. Beim Plan-Ist-Vergleich sollten auch die Maßnahmenkataloge vorgelegt werden.

- Sind Funktionsstrategien mit Maßnahmen, Terminen und Verantwortlichen abgeleitet worden?

Ziele definieren gemeinsam mit denen, die die Ziele zu erfüllen haben.

- Kommunizieren Sie während der Budgetierungsphase außerordentlich viel.

Von ganz eminenter Bedeutung (zum Beispiel für Informationen an Investoren) ist, dass die Qualität der Planung in Ordnung ist. Diese Qualität erreichen Sie, wenn Sie die Ziele mit den Mitarbeiter erarbeiten, die sie letztendlich erfüllen müssen.

- Rahmenvorgaben ableiten (zum Beispiel Rendite, Umsatz, Kennzahlen etc.)

Um größtmögliche Autonomie bei der Planung zu erreichen, muss top-down ein Rahmen vorgegeben werden, welchen Zielen die Planung genügen *muss*. Die Geschäftsleitung muss zum Beispiel gegenüber den Investoren eine Rentabilität von 20 Prozent erreichen. Die Planung, die bottom-up aus den Bereichen erfolgt, muss also immer unter dem Gesichtspunkt 20 Prozent Umsatzrentabilität gesehen werden. Man nimmt dadurch Konflikte schon im Vorfeld in Kauf, die ansonsten erst am Ende der Budgetphase auftreten würden.

- Wesentliche Annahmen über Kennzahlen beschreiben und quantifizieren.

Machen Sie die Vorgaben klar, indem Sie offen legen, was hinter den Kennzahlen steckt. Quantifizieren Sie auch, wie hoch die Steigerung sein soll. Sprechen Sie nicht von angemessen sondern von 20 Prozent.

- Budgets aus Zielen ableiten – Ziele in Euro Beträge fassen.

Definieren Sie Ihr Ziel für das kommende Jahr. Schauen Sie dabei weniger auf das, was letztes Jahr geschehen ist – das ist vergangen. Wollen Sie im kommenden Jahr Ihren Umsatz um 40 Prozent steigern, so ist das möglich, wenn Sie die Rahmenbedingung dafür schaffen (zum Beispiel Ausbau des Vertriebes). Bewerten Sie die Kosten dieser Rahmenbedingungen in Euro.

- Verantwortlichkeit der Budgetplanung dezentralisieren – Nur das planen, was dezentral auch zu verantworten ist.

Machen Sie Ihre Profitcenter-Leiter zu Unternehmern! Führen Sie die Profitcenter wie eigene Firmen mit Geschäftsführern und profitieren Sie von der Loyalität und von den Ideen der Menschen vor Ort.

- Dezentrale Teilpläne im Prozessteam aggregieren und abstimmen.

Wenn Sie im Vorfeld die »Hausaufgaben« richtig gemacht haben, ist dieser Prozess nicht mehr schlimm. Wenn Sie Rahmenbedingungen erarbeitet und vorgegeben haben, erfüllen die Pläne die Anforderungen.

Sollten Sie es verabsäumt haben, beginnt die Phase des »Budget-Knetens«. Letztendlich führt man dann die Diskussionen, die eigentlich am Beginn der Planungsphase stehen sollte.

- Vereinbarte Budgets »einfrieren« – keine unterjährige Plananpassung.

Eine mittlerweile wissenschaftliche Diskussion. Ich empfehle Ihnen Pläne nicht zu revidieren, weil Ihre Mitarbeiter sich zum Zeitpunkt x für gewisse Werte zum Zeitpunkt y verpflichtet haben. Daran sollten sie auch gemessen werden.

Wenn Sie Pläne revidieren, bewahren Sie Ihren ersten Plan auf alle Fälle auf und vergleichen Sie am Jahresende das Istergebnis mit dem ursprünglichen Plan. Daraus lassen sich wertvolle Maßnahmen für die nächste Planung ableiten.

- Incentives für Planerreichung setzen.

Immer häufiger werden Gehälter von führenden Mitarbeitern an die Zielerreichung geknüpft, um das Unternehmertum zu fördern. Daneben gibt es Incentives wie Reisen oder Waren für diejenigen, die ihre Ziele in Einzelperioden am besten erreichen. Diese Maßnahmen sind natürlich relevant für die Budgetierung des Personalaufwandes.

- Abweichungsanalysen durch geeignete Softwarelösungen rationalisieren und dezentral verantwortlich zugänglich machen.

Viele Controller bewerkstelligen Planung und Abweichungsanalysen (Plan- Ist- Vergleiche) in Excel. Das ist nicht mehr opportun! Suchen Sie dafür Standardlösungen, die sich mittels Schnittstellen in die bestehende Software-Landschaft integrieren. Machen Sie sich nicht zum EDV-Entwickler, Programmierer, Tester oder Ausbilder, sondern machen Sie Ihren Job als Controller – damit haben Sie im Regelfall ohnehin genug zu tun.

- Abweichungsanalysen und Maßnahmen dezentral einfordern.

Mit der richtigen Software-Unterstützung ist es möglich, dass Controller nicht mehr als »Berichte-Lieferanten« fungieren. Berichte k.önnen im Intranet zentral zur Verfügung gestellt und auf Bedarf abgerufen werden. Dadurch fällt der hohe Verwaltungsaufwand des Erstellens und Versendens von Berichten weg.

Dank

Um ein Buch zu schreiben bedarf es vieler guter Einflüsse und vor allem einer großen Unterstützung. Die besten Einflüsse auf das Entstehen verdanke ich Herrn Dr. Manfred Winterheller. Er stand mir über die letzten Jahre in vielen entscheidenden Situationen zur Seite, förderte und forderte mich gleichzeitig. Gleiches gilt für Irmgard Weinhandl, Jan Bürger, Peter Mörtl und Alfred Schiller, mit denen ich seit über einem Jahrzehnt Erfahrungen im Bereich Planung und Budgetierung sammeln durfte. Es entstand eine wunderbare Freundschaft zu allen. Die größte Unterstützung kam von Ihnen, den Lesern des Buches. Sie und Ihre Kollegen gaben mir immer wieder offen Einblicke in die professionelle Arbeit bei der Budgetierung und Unternehmensführung. In zahlreichen Diskussionen über den »besten Weg« wurden Ideen geboren, verworfen aber auch aufgegriffen und umgesetzt. Ohne den Input von Vorständen, Geschäftsführern und Controllern in persönlichen Gesprächen während Projekten und Seminaren hätte nichts entstehen können.

Ich wünsche Ihnen, dass Sie den einen oder anderen Rat aufnehmen und von ihm profitieren können. Ihre tägliche Arbeit sollte dann leichter von der Hand gehen und Sie sollten von dem, was Sie tun, begeistert sein.

Das 1x1 des Budgetierens. Peter Stark

ISBN: 3-527-50133-9

Register

Das 1x1 des Budgetierens. Peter Stark

ISBN: 3-527-50133-9